企业人力资本与
财务报告舞弊防范

员工雇佣视角

崔毓佳 / 著

ENTERPRISE HUMAN CAPITAL AND
FINANCIAL REPORTING FRAUD PREVENTION
AN EMPLOYEE EMPLOYMENT PERSPECTIVE

经济管理出版社
ECONOMY & MANAGEMENT PUBLISHING HOUSE

图书在版编目（CIP）数据

企业人力资本与财务报告舞弊防范：员工雇佣视角 / 崔毓佳著. -- 北京：经济管理出版社，2024. -- ISBN 978-7-5096-9837-2

Ⅰ. F231.6

中国国家版本馆 CIP 数据核字第 2024HB9596 号

组稿编辑：范美琴
责任编辑：任爱清
责任印制：许　艳
责任校对：王淑卿

出版发行：经济管理出版社
　　　　　（北京市海淀区北蜂窝 8 号中雅大厦 A 座 11 层　100038）
网　　址：www.E-mp.com.cn
电　　话：（010）51915602
印　　刷：唐山玺诚印务有限公司
经　　销：新华书店
开　　本：720mm×1000mm/16
印　　张：11.5
字　　数：200 千字
版　　次：2024 年 9 月第 1 版　2024 年 9 月第 1 次印刷
书　　号：ISBN 978-7-5096-9837-2
定　　价：88.00 元

前　言

现代人力资本理论确立了人力资本在经济增长和企业发展中的重要作用。近20 年来，我国上市公司员工雇佣规模逐步扩大，高学历员工在企业中的占比逐渐提高，员工薪酬也日益增加，人力资本对企业的发展起到了越来越重要的作用。已有个案显示，企业的人力资本水平与其财务报告舞弊行为会互相影响。然而，目前在会计和财务研究领域，仍缺乏大样本的实证证据支持。因此，本书拟从员工雇佣的视角，研究企业人力资本与财务报告舞弊之间的关系、分析会计信息与劳动力市场之间的互动，特别是讨论企业人力资本水平对财务报告舞弊的防范作用，以期丰富"会计与劳动力市场"交叉学科方向的研究。

企业的员工雇佣情况可反映其人力资本水平。员工雇佣对于企业自身以及所雇佣的员工都是一个重要问题。对于企业来说，人力资本是企业价值创造的重要生产要素。人，特别是具有专业知识和技术的高层次人才，对企业的经营发展具有重要影响。对于员工来说，个人的就业问题会影响到其收入和生活状况，进而影响其工作积极性和劳动效率。"就业是最基本的民生。强化就业优先政策，健全就业促进机制，促进高质量充分就业"是党的二十大报告中重点强调的内容之一。因此，研究企业对普通员工的雇佣问题具有重要意义和价值。

特别地，研究企业对高层次人才的雇佣问题更具有现实意义。为实现全面建成小康社会的奋斗目标、建设创新型国家，人才强国战略被定义为我国基本战略之一。1999 年开始推行的高校扩招政策有效提升了我国的高等教育普及率，使得就业市场中的高学历、高技能劳动力显著增加。并且，各省份近年来均推出了一系列就业创业促进行动，实施人才引进政策（包括落户政策、住房与生活补贴等），以吸引高学历和高技术人才安家落户。这说明高层次人才在经济社会发展中起到了重要作用，目前我国非常重视对高层次人才的培养、引进和利用。因此，对人力资本，特别是高层次人力资本的研究是一个重要问题。

现有研究显示，一方面，在企业员工雇佣的相关讨论中，学者多关注于企业高管，且对高管离职和薪酬等问题已经进行了较为详尽的研究。然而，目前对于普通员工的关注度还不够。本书拟关注企业对普通员工的雇佣情况，包括（高学历）员工离职和员工薪酬情况。西方国家资本市场并不披露公司层面的员工学历与薪酬数据，所以现有的相关研究并不充分、全面和细致，缺乏对员工离职和薪酬问题的深入探讨，并且对于员工质量的度量也有失精准。而中国上市公司披露了丰富的员工信息数据，为本书深入考察基于企业员工雇佣的人力资本水平与财务报告舞弊之间的关系提供了非常好的研究机会。

另一方面，财务报告舞弊研究是会计领域非常重要的研究问题。对于企业舞弊行为的经济后果，现有研究主要关注于资本市场，发现财务报告舞弊显著降低了企业价值，导致企业融资困难、投资效率下降，并且带来了一定的负面外溢效应。此外，也有部分研究关注到财务报告舞弊对产品市场的影响，例如，损害了"供应商—客户"关系。然而，对于财务报告舞弊在市场体系三大支柱之一的劳动力市场（尤其是除高管外的普通员工劳动力市场）造成的可能影响，会计和财务领域的学者则较少涉及。这使我们会低估财务报告舞弊的社会成本，并且不利于我们预测和防范劳动力市场风险。

基于上述讨论，本书研究的核心问题是：企业人力资本与财务报告舞弊防范——基于员工雇佣视角的分析。围绕这一研究问题，本书主要开展了以下三个方面的研究：①财务报告舞弊曝光对企业人力资本的损害；②企业人力资本对财务报告舞弊的防范作用；③企业人力资本的舞弊防范作用的衍生影响——对高质量审计师选择的积极影响。首先，本书通过理论分析，构建局部均衡模型，求解企业利润最大化问题，得到均衡状态时企业财务报告舞弊与人力资本水平的关系。其次，本书以理论分析的推论为基础，以我国2011~2019年A股上市公司为样本，实证分析得到了以下三个研究结论：

第一，本书研究了财务报告舞弊曝光对企业人力资本的损害。本书发现，财务报告舞弊的曝光会损害企业的人力资本，具体表现为员工离职率增加、员工薪酬下降。本书认为，在企业因财务报告舞弊被处罚后，由于形象与声誉受损，现有员工会选择离开、求职者会选择回避，因此舞弊企业的劳动力供给会减少；由于融资约束增加，裁员可以降低成本，因此舞弊企业的劳动力需求也会有所减少。本书实证结果表明，财务报告舞弊曝光导致员工离职的概率有所增加。特别地，本书发现，高学历员工离职的概率增加、高学历员工占总员工人数的比例有所下降，并且这一效应比全体员工的离职效应更为显著。这是因为高学历员工的就业能力更强、内部信息优势更强，从而对财务报告舞弊曝光的反应更敏感；高学历员工的薪酬通常也较高，因此也更可能被企业解雇以降低成本。另外，本书发现，由于财务报告舞弊曝光导致了员工（尤其是高学历员工）的流失，而高学历员工的薪酬通常较高，所以财务报告舞弊事发后的员工薪酬水平有所下降。

第二，本书研究了企业人力资本对财务报告舞弊的防范作用。本书发现，优质人力资本能够抑制企业的舞弊行为，起到防范舞弊发生的作用。具体而言，当企业的高学历员工比例和员工薪酬水平越高时，企业发生财务报告舞弊行为的可能性越低。由实证分析第一部分的研究发现，财务报告舞弊曝光损害了企业的人力资本。而企业的劳动力调整成本，尤其是高技能劳动力调整成本是企业中的一笔巨额开支。因此，本书认为，当人力资本对企业更为重要、在企业中发挥的作用更大时，企业对人力资本更加依赖，则人力资本的损害会对企业的经营运作带来更大的负面影响。企业为挽留人才、减少人力资本流失，降低劳动力调整成本，尤其是高额的高学历人才调整成本，会减少其财务报告舞弊行为。虽然普通员工可能并不是企业中的决策者和舞弊行为的实践者，但决策者（高管）出于维护人力资本的目的，会将人力资本损害纳入决策考虑范围之内。本书的实证分析结果支持了上述假说，并且提供了一定的证据显示人力资本对舞弊行为的防范作用是源于企业对舞弊曝光可能造成的人力资本损害的规避。

第三，本书研究了企业人力资本对高质量审计师选择的影响，它是企业人力资本舞弊防范作用的一个衍生影响。本书发现，优质人力资本能够为企业的高质量审计师选择带来正向影响。具体而言，当企业的高学历员工（尤其是研究生学历员工）比例和员工薪酬越高时，企业选择国际四大会计师事务所的概率越高。根据实证分析第一部分和第二部分的研究发现，财务报告舞弊曝光会损害企业的人力资本，并且人力资本可以对财务报告舞弊起到防范作用。因此，一方面，具有优质人力资本的企业会聘请高质量审计师，这不仅可以达到信号效应的目的，而且根据成本—收益分析，聘请高质量审计师的收益（代理成本的降低以及声誉的提升）将大于成本（高额审计费用以及"做坏事"的风险增加）。然而，另一方面，具有优质人力资本的企业不会聘请高质量审计师，因为此时企业财务报告舞弊的可能性较低、会计信息质量较高，因此不需要花费高额费用来聘请高质量审计师进行审计。对于这一竞争性假说，本书的实证研究结果支持了聘请高质量审计师的假说，并且提供了一定的证据显示企业人力资本对审计师选择的影响是源于企业为了规避财务报告舞弊曝光可能造成的人力资本损害而减少了其舞弊行为。

本书的研究从理论上和实践上来看，都具有重要意义。从理论上，本书拓展了"会计与劳动力市场"这一交叉学科的研究，丰富了会计信息与企业员工雇佣方向的文献，主要体现在以下三个方面：

第一，本书扩展了对劳动力市场中的普通员工的研究，深化了我们对人力资本理论的认识和理解。在以往的研究中，学者多关注于企业高管，对普通员工的关注尚不充分。本书强调了人力资本对企业的重要意义，并揭示了在财务报告舞弊的情境下企业人力资本的可能损失，以及企业为维护人力资本做出的努力，即人力资本对企业舞弊行为产生了防范作用，并进一步促使企业选择高质量审计师。

第二，本书丰富了对财务报告舞弊的经济后果的研究，特别是在普通员工劳动力市场的经济后果，得到了舞弊曝光导致人力资本损害的结论。本书拓展了财务报告舞弊领域的研究维度，丰富了我们对财务报告舞弊所产生的经济后果的认识。本书也从财务报告舞弊视角，帮助我们更好地理解了企业中员工离职和员工薪酬的影响因素。

第三，本书对会计信息与劳动力市场之间的关系进行了讨论。本书利用中国上市公司所披露的独特员工信息数据，在公司层面更加深入和准确地考察了企业员工雇佣（员工离职和薪酬）与其会计信息造假（财务报告舞弊）的互动，并将其进一步拓展到审计师选择领域，从双向的研究视角说明了企业人力资本的重要性，包括财务报告舞弊曝光对人力资本的损害、人力资本对舞弊行为的防范，以及人力资本对高质量审计师选择的推动。

从实践来看，主要体现在以下三个方面：

第一，本书基于我国 A 股上市公司样本研究"会计与劳动力市场"问题，增加了我们对中国制度背景下的劳动力市场的认识。由于中国与西方的制度环境存在较大差异，劳动力市场环境也不尽相同。基于我国劳动力数量庞大，并且在普及高等教育的政策指引下，劳动力的整体素质也在逐年提升，本书为进一步培养、引进和用好人才提供了会计领域的证据。

第二，本书通过揭示企业财务报告舞弊行为曝光造成的人力资本损害，提醒监管部门增强资本市场会计监管，以尽可能地减少企业财务报告舞弊行为，规避其对劳动力市场带来的负面后果，增强资本市场信心，促进经济社会健康发展。本书为相关监管部门的决策提供了理论依据和实证参考，有助于更好地防范财务报告舞弊给企业人力资本带来的负面影响，并尽可能地降低其社会成本，进而凸显资本市场监管的重要意义。

第三，本书通过提出企业人力资本对财务报告舞弊的防范作用，提醒相关部门更好地防范资本市场和劳动力市场风险，比如提前制定相应的就业稳定政策（对员工失业和减薪问题的解决等）。本书为推进我国人力资本的建设提供了决策参考，顺应了全面建成小康社会的奋斗目标。

综上所述，本书通过研究企业员工雇佣，为企业管理人力资本、国家稳定就业以及国内劳动力市场的发展和完善均提供了经验证据和决策参考。对提出的企业人力资本所具有的舞弊防范作用，本书旨在提醒相关部门从劳动力市场的角度预测和识别资本市场风险，以更好地加强资本市场监管，推进资本市场高质量发展。

崔毓佳

2024 年 4 月

目　录

第一章 导论

第一节 研究背景与研究意义

一、研究背景

在劳动力市场中，最为重要的资本是人力资本，即体现在劳动力身上的资本，包括劳动力的知识技能和文化水平等。从企业层面来看，企业对劳动力的雇佣，包括招聘、解聘、付薪等，与其人力资本的关系密不可分。[①] 近 20 年来，我国上市公司员工雇佣规模逐步增长、高学历员工在企业中的占比逐渐升高，员工薪酬也日益增加，人力资本对企业的发展起到了越来越重要的作用。已有个案证据显示，企业的人力资本水平与其财务报告舞弊行为会互相产生影响。然而，目前在会计和财务研究领域，缺乏大样本的实证证据支持。因此，本书拟从员工雇佣的视角，研究企业人力资本与其财务报告舞弊行为之间的关系，并分析会计信息与劳动力市场之间的互动。特别地，本书探讨企业人力资本水平对财务报告舞弊的防范作用。本书的讨论以期丰富"会计与劳动力市场"交叉学科方向的研究。

企业的员工雇佣情况可反映其人力资本水平。员工雇佣对于企业自身以及所雇佣的员工都是一个重要问题。对于企业来说，人力资本是企业价值创造的重要

[①] 本书所研究的人力资本是企业中除高管外的普通员工人力资本。

生产要素（Becker，1964；叶康涛等，2013）。人，特别是具有专业知识和技术的高层次人才，对企业的经营发展具有重要影响（Marvel 和 Lumpkin，2007；姜付秀等，2009）。人才能够决定企业的核心竞争力。如果企业中的人才流失，企业的人力成本会显著增加、组织效率会显著下降，并且对经营绩效带来负面影响，影响企业的持续发展（王海兵等，2011；钱爱民等，2014）。对于员工来说，个人的就业问题会影响到其收入和生活状况，进而影响其工作积极性和劳动效率（Yellen，1984）。并且，个人的就业状况还事关个人职业发展和心理健康，进而产生一定的社会成本。"就业是最大的民生。强化就业优先政策，健全就业促进机制，促进高质量充分就业"是党的二十大报告中重点强调的内容之一。

综上所述，研究企业对普通员工的雇佣问题具有重要意义和价值。特别地，研究企业对高层次人才的雇佣问题更具有现实意义。为实现全面建成小康社会的奋斗目标、建设创新型国家，人才强国战略被定义为我国基本战略之一。在我国教育改革举措中，1999 年开始推行的高校扩招政策有效提升了我国的高等教育普及率，使得就业市场中的高学历、高技能劳动力显著增加。2019 年，我国进入了高等教育普及化阶段。为响应人才强国号召、解决大学生就业问题，各省市近年来均开启了一系列就业创业促进行动，实施人才引进政策（包括落户政策、住房与生活补贴等），以吸引高学历和高技术人才安家落户。这说明，高层次人才在经济社会发展中起到了重要作用，目前我国非常重视对高层次人才的培养、引进和利用。因此，对人力资本，特别是高层次人力资本的研究是一个重要问题。

现有研究显示，一方面，在企业员工雇佣的相关讨论中，学者多关注于企业高管，对于高管离职和薪酬等问题已经开展了较为详尽的研究（Core 等，1999；Dou，2017）。然而，学者对于普通员工的关注度尚且不够。本书拟关注企业对普通员工的雇佣情况，包括（高学历）员工离职和员工薪酬情况。[①] 从人力资本角度来看，员工离职和薪酬问题都是重要的。员工是企业运营和发展中不可或缺的一部分，人力资本的保持与发展是企业活力的源泉。随着社会主义市场经济在我国的不断发展，近年来，我国劳动力市场的自由流动性大大增强，员工离职率在

---

① 本书关注于企业中除高管外的普通员工，进一步地按员工学历识别出普通员工中的高学历员工。

不断提高（步丹璐和白晓丹，2013），因此员工离职问题值得关注。而员工薪酬支出是企业中一项重要的开支，是企业的重大现金流出和企业产品成本的主要组成部分。2000～2019年，中国上市公司的员工薪酬总额占总营业成本的比例平均从9%增长到16.7%，薪酬的重要性逐步提升。另一方面，财务报告作为反映企业财务状况、经营成果和现金流量的重要信息，能够影响到各类经济资源的配置结果和配置效率。财务报告舞弊通常包括虚构收入和利润、虚列资产、虚假记载（误导性陈述）、重大遗漏、会计处理不当等财务造假行为。财务报告舞弊会导致整个社会的会计信息失真、令利益相关者蒙受损失、资本市场丧失信心，并危害经济社会的健康发展。因此，财务报告舞弊研究是会计领域非常重要的研究问题（Francis，2001）。

对于财务报告舞弊行为的经济后果，现有研究主要关注资本市场，发现财务报告舞弊显著降低了企业价值（Dechow等，1996），导致企业融资困难、投资效率下降（Hribar和Jenkins，2004；McNichols和Stubben，2008），并且带来了一定的负面外溢效应（Kedia等，2015）。此外，也有部分研究关注到财务报告舞弊对产品市场的影响，例如，损害了"供应商—客户"关系（Raman和Shahrur，2008）。然而，对于财务报告舞弊在市场体系三大支柱之一的劳动力市场（尤其是除了高管外的普通劳动力市场）造成的可能影响，会计和财务领域的学者则较少涉及。这使我们会低估财务报告舞弊的社会成本（Sadka，2006），并且不利于我们预测和防范劳动力市场风险。

在"会计与劳动力市场"方向的研究中，受制于数据局限，在公司层面对于普通员工的研究仍较少，因此本书提出的研究问题具有一定价值。现有相关研究仅有会计信息对企业员工雇佣的影响，Jung等（2014）研究了会计信息质量与劳动力投资效率的关系，或企业员工雇佣对会计信息的影响，Call等（2017）研究了地区层面员工质量对会计信息质量的影响。这些研究并不充分、全面和细致，缺乏对于员工离职和薪酬问题的深入探讨，并且对于员工质量的度量也有失精准。由于西方国家资本市场并不披露企业层面的员工学历与薪酬数据，所以国外学术界对于普通员工雇佣的研究难以开展。而中国上市公司披露了丰富的员工信息数据，为本书深入考察企业人力资本与财务报告舞弊之间的关系、揭示人力资本的舞弊防范作用提供了研究机会。

二、研究意义

从理论上和实践上来看，本书的研究都具有重要意义。本书的理论意义在于以下四个方面：

第一，本书扩展了对劳动力市场中的普通员工的研究，补充了普通员工劳动力市场领域的文献。在以往的研究中，学者多关注于企业高管，对普通员工的关注尚不充分。本书强调员工是企业重要的人力资本，虽然他们可能并不是企业中的决策者和舞弊行为实践者，但决策者（高管）出于维护人力资本的目的，会在进行舞弊决策时考虑规避对人力资本的负面影响，令人力资本产生了舞弊防范作用。因此，本书从财务报告舞弊的角度，增加了对企业普通员工的研究，尤其是在员工离职和薪酬方向。

第二，本书丰富了对财务报告舞弊经济后果的研究，特别是在普通员工劳动力市场的经济后果研究。现有研究多关注于财务报告舞弊在资本市场的后果，而本书拓展了财务报告舞弊领域的研究维度，重点关注普通员工劳动力市场，丰富了我们对财务报告舞弊经济后果的认识，有助于我们更加全面地了解企业舞弊行为及其可能带来的影响。更重要的是，本书揭示了财务报告舞弊曝光所导致的企业人才流失和人力资本损害的后果，深化了我们对劳动力市场风险的认识。

第三，本书深化了我们对人力资本理论的认识和理解。本书强调了人力资本对企业的重要意义，并揭示了在财务报告舞弊的情境下企业人力资本的可能损失，以及企业为维护人力资本做出的努力，即人力资本对企业舞弊行为产生了防范作用，并进一步促使企业选择高质量审计师。此外，本书还利用中国上市公司披露的员工学历结构数据，区分了不同层次的人力资本，即全体员工与高学历员工，并讨论了其对企业舞弊的反应敏感性，丰富了对企业不同层次人力资本的研究。

第四，本书增加了对"会计与劳动力市场"交叉学科方向的研究，对会计信息与劳动力市场之间的关系进行了讨论。并且利用中国上市公司所披露的员工信息优势，在公司层面更加深入和准确地考察了基于企业员工雇佣的人力资本水平（员工离职和薪酬）与其会计信息造假（财务报告舞弊）的互动，将其拓展到审计师选择领域，从双向的研究视角说明了企业人力资本的重要性，包括舞弊曝光对人力资本的损害、人力资本对舞弊行为的防范以及人力资本对高质量审计师选择的推动。

本书的实践意义在于以下三个方面：

第一，本书基于我国A股上市公司样本研究"会计与劳动力市场"问题，增加了我们对中国制度背景下的劳动力市场的认识。由于中国与西方的制度环境存在较大差异，劳动力市场环境也不尽相同。我国劳动力数量庞大，并且在普及高等教育的政策指引下，劳动力的整体素质也逐年提升。培养、引进和用好人才，提高劳动力资源配置效率，是我国重要的经济社会发展目标。本书通过研究企业员工雇佣及其人力资本水平，为企业管理人力资本、国家稳定就业工作以及国内劳动力市场的发展和完善均提供了经验证据和决策参考。

第二，本书深化了我们对财务报告舞弊社会成本的认识。本书指出，企业财务报告舞弊行为的曝光在劳动力市场中对普通员工带来了负面影响、对人力资本造成了损害，增加了财务报告舞弊社会成本。本书旨在提醒监管部门增强资本市场会计监管，以尽可能减少企业财务报告舞弊行为，规避其可能带来的一系列负面后果，增强资本市场信心，促进经济社会健康发展。本书为相关监管部门的决策提供了理论依据和实证参考，有助于更好地防范财务报告舞弊带来的经济后果，并尽可能降低其社会成本，进而凸显资本市场监管的重要意义。

第三，本书揭示了企业人力资本具有防范财务报告舞弊的作用，提醒我们从劳动力市场的角度预测和识别资本市场风险，也提醒了相关部门对劳动力市场风险进行更好的防范，提前制定相应的就业稳定政策，例如，对员工失业和减薪问题的解决。结合我国建设学习型社会、解决群众就业问题、实施人才强国战略等指导思想以及推行《中华人民共和国劳动合同法》、高校扩招、人才引进政策等具体措施，本书为推进我国人力资本的建设和维护提供了决策参考，顺应了全面建成小康社会的奋斗目标。

第二节 研究内容与研究方法

一、研究内容

本书研究的核心问题是企业人力资本与财务报告舞弊防范——基于员工雇佣视角的分析。具体而言，本书的研究内容主要包括以下三个方面：一是财务报告舞弊曝光对企业人力资本的损害；二是企业人力资本对财务报告舞弊的防范作用；三是企业人力资本的舞弊防范作用的衍生影响——对高质量审计师选择的积极影响。本书首先通过理论分析，构建局部均衡模型，求解企业利润最大化问题，得到了均衡状态时企业财务报告舞弊与人力资本水平的关系。从理论分析的推论出发，本书进行了如下的实证分析：

（一）财务报告舞弊曝光对企业人力资本的损害研究

本书的第一个研究内容是财务报告舞弊曝光对企业人力资本的损害研究。人力资本理论研究确立了人力资本在经济发展和企业发展中的重要性（Becker，1964；Call 等，2017）。已有研究发现，财务报告舞弊的曝光对高管人力资本具有负面影响。当舞弊事件曝光后，高管的离职率显著增加、薪酬显著下降（Karpoff 等，2008；Collins 等，2008）。而财务报告舞弊曝光对于企业中的普通员工人力资本的影响目前尚不明确。本书提出实证分析第一部分的假说：财务报告舞弊曝光会损害企业人力资本，具体表现为员工离职率增加、员工薪酬下降。

首先，当舞弊曝光后，一方面，现有员工会对企业产生不满情绪，可能主动选择离职（钱爱民等，2014），在就业市场中的求职者也会选择回避"污点"企业（Brown 和 Matsa，2016），因此舞弊企业的劳动力供给减少；另一方面，企业由于融资约束的上升（Hribar 和 Jenkins，2004；Graham 等，2008；Chen 等，2011），也会下调其劳动力需求，被迫裁减员工。综合这两个方面，本书预测员工离职率会有所上升。

其次，高技能员工的劳动力调整成本显著高于普通员工（Shapiro 和 Stiglitz，1986），若企业中的高技能员工流失，企业将面临更高的代价。因此，高技能员工的离职问题对企业更为重要。本书以高学历员工（本科、研究生及以上学历）来代表高技能员工。本书预测，舞弊事发对高学历员工离职的影响将更加显著。一方面，高学历员工在舞弊事发后更可能主动离职，因为他们通常具有更强的技能和就业能力来寻找新工作，并且有能力掌握企业内部情况及信息优势可以及时离开企业止损（Baghai，2020）；另一方面，高学历员工在企业财务报告舞弊事发后也更可能被解雇，因为他们的薪酬通常较高，解雇他们可以降低企业成本（Caggese 等，2019）。

最后，由于上述内容预测企业财务报告舞弊曝光会导致员工（尤其是高学历员工）的流失，而高学历员工的薪酬通常较高，所以本书进一步预测，舞弊事发使企业员工薪酬水平下降。

以我国 2011~2019 年 A 股上市公司为样本，本部分考察了财务报告舞弊曝光对企业人力资本的损害问题。本部分研究发现，财务报告舞弊的曝光对企业人力资本造成了一定损害。在企业因财务报告舞弊被处罚后，员工离职的概率增加，特别是高学历员工离职率增加、高学历员工占总员工人数的比例有所下降，并且这一效应比全体员工的离职效应更为显著。另外，舞弊事发后的员工薪酬水平有所下降。通过横截面分析发现，财务报告舞弊曝光对高学历员工占比减少和员工薪酬下降的影响仅在行业集中度低的时候显著，因为此时高学历员工更容易在同行业中寻找到新的工作。最后，本部分通过对经济后果检验发现，财务报告舞弊曝光使企业中高学历员工流失，进而还降低了企业生产率。并且财务报告舞弊曝光通过降低员工薪酬水平，从而降低了企业的创新产出。

本部分丰富了对财务报告舞弊的经济后果的研究，特别是在劳动力市场的经济后果；并扩展了对劳动力市场中的普通员工的研究，尤其是在员工离职与员工薪酬方向。本部分从财务报告舞弊的角度，帮助我们更好地理解了企业中员工离职和员工薪酬的影响因素。本部分还深化了我们对人力资本理论的认识和理解，发现舞弊曝光对高学历员工离职率的影响在经济显著性和统计显著性上均大于对全体普通员工离职率的影响，表明不同层次的人力资本对财务报告舞弊的敏感性存在差异。

（二）企业人力资本对财务报告舞弊的防范作用研究

本书的第二个研究内容是企业人力资本对财务报告舞弊的防范作用研究。现有研究认为，财务报告舞弊的影响因素主要有资本市场动机、契约动机、内部监督与治理、外部监督、个人特质和社会文化因素等（Amiram 等，2018）。在内部监督与治理方向，Dyck（2010）、Wilde（2017）和 Call 等（2017）认为，员工是企业内部监督的机制之一。然而，已有研究没有从劳动力调整成本的角度考虑企业人力资本对企业财务报告舞弊行为的可能影响。劳动力调整成本包括解雇成本、招聘成本、训练成本和生产力损失等。企业的劳动力调整成本，尤其是高技能劳动力的调整成本，是企业中一项巨大开支，它的存在使企业会尽可能留住现有员工、降低人员流动率（Oi，1962；Dixit，1997）。

由于实证分析第一部分的假说认为，财务报告舞弊曝光会损害企业的人力资本，包括（高学历）员工的流失和员工薪酬水平的降低。因此，如果人力资本对企业更为重要，在企业中发挥的作用更大、企业对他们更加依赖，那么人力资本的损害就会对企业的经营运作带来更大的影响。企业为挽留人才、减少人力资本流失，降低劳动力调整成本，尤其是高额的高学历人才调整成本，会减少其财务报告舞弊行为。虽然普通员工可能并不是企业中的决策者和舞弊行为实践者，但决策者（高管）出于维护人力资本的目的，会将人力资本损害纳入决策考虑。基于此，本书提出实证分析第二部分的假说：企业人力资本能够抑制企业的财务报告舞弊行为，起到舞弊防范作用。具体来说，当企业员工中存在较高比例的高学历员工以及具有较高的员工薪酬水平时，企业进行财务报告舞弊的劳动力经济后果更加严重，因此，企业会减少其财务报告舞弊行为。

以我国 2011~2019 年 A 股上市公司为样本，本部分考察了企业人力资本对财务报告舞弊的防范作用。研究发现，企业人力资本抑制了企业的舞弊行为。当企业具有较高的高学历员工（尤其是研究生及以上学历员工）比例和员工薪酬时，企业财务报告舞弊发生的概率更低。此外，为了缓解研究的内生性问题，本部分采用各省市高校数量和大学毕业生数量占总人口的比例作为企业高学历员工占比的工具变量，进一步验证了人力资本对财务报告舞弊的防范作用。通过横截面分析发现，企业人力资本对财务报告舞弊的防范作用仅在高科技企业中显著，因为高科技企业更重视人力资本，更愿意付出努力去维护人力资本。最后，本部分结合第一部分的研究结果，计算不同行业对财务报告舞弊曝光的人力资本损害的敏感性，并进行横截面分析发现企业人力资本（主要是员工薪酬方面）对财

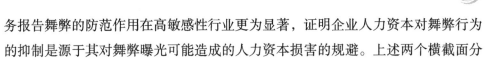

务报告舞弊的防范作用在高敏感性行业更为显著，证明企业人力资本对舞弊行为的抑制是源于其对舞弊曝光可能造成的人力资本损害的规避。上述两个横截面分析证明了人力资本的声誉效应，与 Call 等（2017）提出的监督效应有所区分。

本部分扩展了对财务报告舞弊的影响因素的研究，发现企业人力资本也是影响财务报告舞弊的一大因素，并推进了"会计与劳动力市场"交叉领域的研究，结合第一部分的实证研究，对企业雇佣行为与财务报告舞弊之间的关系进行了双向、综合的研究。此外，本书从人力资本的角度出发，利用公司层面员工数据研究发现，企业出于维护人力资本、减少人才流失的目的，会减少其财务报告舞弊行为，即存在人力资本的声誉效应。

（三）企业人力资本对高质量审计师选择的影响研究

本书的第三个研究内容是企业人力资本对高质量审计师选择的影响研究，作为企业人力资本的财务报告舞弊防范作用的一个衍生影响。已有研究显示，中国上市公司选择国际四大会计师事务所进行审计的比例非常低（Francis 等，2013）。代理理论认为，企业选择高质量审计师的动机来自其能降低企业面临的代理成本（Jensen 和 Meckling，1976）。现有文献主要基于代理理论，认为企业对高质量审计师的需求来自降低企业与外部投资者之间的代理成本的动机。本书拟基于信号理论和成本—收益分析，来解释人力资本对企业选择高质量审计师的影响。

根据实证分析第一部分和第二部分的假说，财务报告舞弊曝光会损害企业的人力资本，并且人力资本可以对财务报告舞弊起到防范作用。因此，一方面，具有优质人力资本的企业由于财务报告舞弊行为的减少，会拥有相对较高质量的会计信息。企业想要向外部利益相关者及内部员工传递好消息，证明自己是"好公司"，可能会选择聘请高质量审计师以达到信号效应的目的，减少信息不对称、降低代理成本。并且，在具有优质人力资本的企业中，聘请高质量审计师的收益（代理成本的降低以及声誉的提升）将大于成本（高额审计费用以及"做坏事"的风险增加），从而企业会选择聘请高质量的审计师。即"信号假说"和成本—收益分析意味着拥有优质人力资本的企业更可能聘请高质量审计师。另一方面，具有优质人力资本的企业财务报告舞弊的可能性较低、会计信息质量较高，因此企业不需要花费高额费用来聘请高质量审计师进行审计。即拥有优质人力资本的企业更不可能聘请高质量审计师。基于此，本书提出实证分析第三部分的竞争性假说：企业人力资本会对高质量审计师选择产生正向（或负向）影响。如果企业员工中存在较高比例的高学历员工以及较高的员工薪酬水平，那么企业选择高质量审计师的可能性更高（或更低）。

以我国 2011～2019 年 A 股上市公司为样本，本部分考察了企业人力资本对审计师选择的影响。本部分研究发现，具有优质人力资本的企业更可能聘请高质量审计师。当企业具有较高的高学历员工（尤其是研究生及以上学历员工）比例和员工薪酬时，企业选择国际四大会计师事务所的概率更高。且为了缓解研究的内生性问题，本部分采用各省份高校数量和大学毕业生数量占总人口的比例作为企业高学历员工占比的工具变量，进一步验证了人力资本对企业高质量审计师选择的正向影响。此外，本部分结合第一、二部分的研究结果，计算不同行业对人力资本的舞弊防范作用的敏感性和财务报告舞弊曝光的人力资本损害的敏感性，并进行横截面分析，发现企业人力资本（主要是高学历员工占比方面）对高质量审计师选择的影响在高敏感性行业中更为显著，证明企业人力资本对审计师选择的影响是源于企业为了规避财务报告舞弊曝光的人力资本损害而减少了其舞弊行为。

本部分拓展了企业对审计师选择的影响因素的研究，发现企业人力资本能够对高质量审计师选择产生正向影响。并且结合第一、二部分的实证研究，基于信号理论和成本—收益分析，讨论了审计师选择与财务报告舞弊和企业员工雇佣之间的关系，进一步证明了人力资本对企业的重要性，增加了"会计与劳动力市场"方向的研究。

综上所述，本书强调了人力资本对企业的重要性。本书的三个实证研究内容综合表明，财务报告舞弊曝光会损害企业的人力资本。不过，企业高水平人力资本可以防范企业财务报告舞弊行为的发生、促使企业选择高质量的审计师。图 1-1 展示了三个实证研究内容之间的关系。因此，本书的研究从员工雇佣的视角探讨了财务报告舞弊、企业人力资本与审计师聘请之间的关系，为"会计与劳动力市场"研究领域做出了一定贡献。

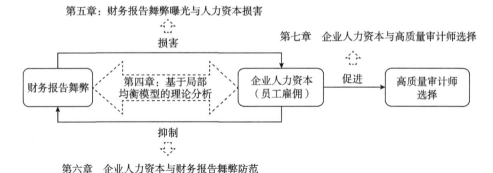

图 1-1　实证研究内容关系

二、研究框架与结构安排

本书的研究思路为：首先，本书研究财务报告舞弊曝光对劳动力市场的负面影响，即对企业人力资本的损害；其次，基于舞弊曝光可能带来的人力资本损害，本书研究企业人力资本对财务报告舞弊的防范作用；最后，本书研究企业人力资本对高质量审计师选择的影响，作为企业人力资本的舞弊防范作用的一个衍生影响。本书主要章节的结构安排如下：

第一章为导论，包括研究背景与研究意义、研究内容与研究方法，以及研究框架与结构安排和主要创新点。

第二章为文献回顾与评述，包括对企业财务报告舞弊的经济后果、企业员工雇佣情况的影响因素与经济后果、人力资本理论的相关文献的回顾与评述。

第三章为制度背景，包括我国人力资本建设的指导思想和具体措施，如社会保障与劳动保护、教育改革与高校扩招、人才引进政策以及中国上市公司员工雇佣情况描述性分析。

第四章为基于局部均衡模型的理论分析，通过局部均衡模型，求解均衡状态时财务报告舞弊与企业人力资本的关系。

第五章为财务报告舞弊曝光与人力资本损害，即财务报告舞弊曝光对企业人力资本的损害研究，具体包括概述、理论推导与提出假说、研究设计、实证结果与分析等。

第六章为企业人力资本与财务报告舞弊防范，即企业人力资本对财务报告舞弊的防范作用研究，具体包括概述、理论推导与研究假设、研究设计、实证结果与分析等。

第七章为企业人力资本与高质量审计师选择，即企业人力资本对高质量审计师的选择研究，具体包括概述、理论推导与提出假说、研究设计、实证结果与分析等。

第八章为结语，具体包括研究结论、政策启示与建议、研究贡献，以及研究局限与未来研究展望。

本书的总体技术路线是：首先，通过文献综述明确概念和相关研究基础；其次，阐明研究的制度背景，进行相关的描述性分析；再次，进行局部均衡分析，形成本书的理论研究框架；又次，提出研究假设，并基于研究假设进行相应的研究设计，构建实证检验模型；最后，通过实证分析进行统计检验，根据实证分析结果进行综合分析并得出结论。图1-2描述了本书的具体研究框架。

三、研究方法

本书采用规范分析与实证分析相结合的研究方法。首先，采用规范分析的方法，对时事发展和已有研究进行归纳、演绎和总结，进行分析式研究，并提出研究假设。其次，采用实证分析的方法，对所提出的假设进行系统性的验证。最后，根据实证分析的结果得出研究结论，讨论研究局限并进行未来研究展望。

（一）规范分析

规范分析是以已有研究和经验为基础，对文献进行梳理、归纳和演绎，并提出研究假设。首先，本书进行文献综述，对财务报告舞弊的相关研究及企业员工雇佣的相关研究进行梳理，系统性地回顾现有理论和研究成果，并提出现有研究存在的不足。其次，对相关制度背景进行介绍，包括我国人力资本建设的指导思想和具体措施，以及上市公司员工雇佣情况的描述性分析。再次，基于局部均衡模型，求解均衡状态时财务报告舞弊与企业人力资本的关系。最后，根据已有研究的理论和成果以及相关制度背景，进行归纳与演绎，围绕本书研究主题，提出各章的研究问题，并针对研究问题进行理论和观点的论述，展开对应的研究假说和分析。

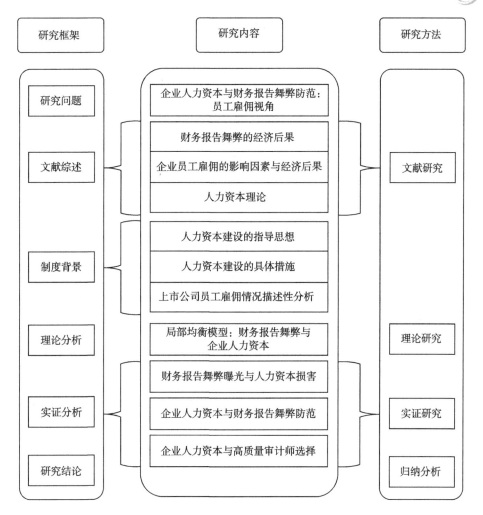

图 1-2 本书的研究框架

（二）实证分析

在规范分析所提出的研究问题和假说的基础上，本书通过实证分析对相应的研究问题和假说进行检验。首先，根据数据结构和特点构造回归模型，所用回归方法主要有 OLS 模型和 Probit 模型。为了处理回归分析存在的截面相关和序列相关问题、获得更加稳健的标准误，本书在公司层面对回归残差进行聚类处理（Cluster）。为了缓解研究中存在的非随机处理效应，本书采用熵平衡匹配的方法，以消除实验组和控制组在协变量上的差异。为了缓解研究的遗漏变量问题，本书采用工具变量法，对内生解释变量进行处理。其次，实证研究所使用的中国上市公司数据来自以下数据库：国泰安经济金融研究数据库（CSMAR）、中国研究数据服务平台（CNRDS）、Wind 资讯金融数据库、金融研究数据库（RES-SET）。本书采用 Stata 14.0 统计软件对样本数据进行处理和分析。

第三节　主要创新点

本书的创新点主要有以下四个方面：

第一，现有研究对于企业人力资本和员工雇佣情况的讨论主要基于经济学、金融学、组织行为学和社会学等领域的理论展开，而"会计与劳动力市场"是近几年新兴的交叉研究领域。本书研究企业人力资本对财务报告舞弊的防范作用，具有创新性，有助于推进会计与劳动力交叉学科的发展。一方面，有助于我们认识企业员工雇佣在会计方面的影响因素和经济后果；另一方面，可以令我们更好地理解会计信息的真实经济后果。

第二，受制于数据可得性，已有的企业人力资本与员工雇佣情况的相关研究主要关注于企业的雇佣规模。本书利用中国上市公司的数据优势，提取员工雇佣信息中的员工人数、员工学历和员工薪酬等关键信息，构造员工离职率、高学历员工离职率、员工薪酬水平等变量，以衡量企业的人力资本水平。这些指标丰富了我们对企业员工雇佣的认识。

与本书最为相近的研究是 Call 等（2017）。Call 等（2017）使用企业所在地区的教育水平衡量员工质量发现，高质量员工带来了企业高质量的财务报告，因为他们为管理者提供的信息质量更高、发现错报的可能性更高，即人力资本的监督效应。本书第六章则使用公司层面的员工学历数据衡量员工质量，并从人力资本维护的角度提出，具有优质人力资本的企业会减少财务报告舞弊行为，是因为企业对人力资本的重视，即人力资本的声誉效应。另外，本书第七章采用审计师选择行为区分了本书机制与 Call 等（2017）的机制：如果 Call 等（2017）的理论正确，那么我们应该发现人力资本质量与高质量审计师选择负相关；而依据本书理论，人力资本质量与高质量审计师选择正相关。实证结果支持了本书理论，但不支持 Call 等（2017）的理论。同时，第六章的横截面分析也进一步支持了本书的理论分析。因此，本书从理论和实证上均与 Call 等（2017）有所不同。

第三，本书基于企业人力资本对财务报告舞弊的防范作用研究，进一步将其与审计领域的研究相联系，构建了一个完整的研究框架。本书拓展了劳动力在会计、审计领域的影响，丰富了审计师选择领域的研究，通过研究企业人力资本、财务报告舞弊与审计师选择之间的关系，发现高水平人力资本能够防范企业的舞弊行为，进而推动企业聘请高质量审计师。

第四，本书研究了企业中不同层次的人力资本，即普通员工与高学历员工，发现他们对企业财务报告舞弊曝光的反应程度存在一定差异。这一发现深化了人力资本理论的研究，从侧面反映了教育对员工就业能力和风险规避能力的作用。高学历员工的就业能力和内部信息优势更强，因此能够更好地规避其所在企业财务报告舞弊曝光带来的负面影响，并且其作为企业的高层次人力资本，还能够对企业的舞弊行为起到防范作用。

第二章　文献回顾与评述

本书主要从员工雇佣的视角研究企业人力资本与财务报告舞弊防范，因此本章对国内外研究现状的回顾主要围绕财务报告舞弊的经济后果、企业员工雇佣的影响因素与经济后果、人力资本理论这三个方面展开：一是财务报告舞弊的经济后果研究回顾，包括财务报告舞弊的一般机理、财务报告舞弊的资本市场后果、产品市场后果、劳动力市场后果。二是企业员工雇佣研究回顾，包括员工雇佣的影响因素与经济后果。三是人力资本理论回顾，包括现代人力资本理论的形成、人力资本对企业的影响。文献回顾的范围涵盖了国内外主流期刊的所有文献。在文献回顾之外，本章在最后一节还进行了研究评述。

第一节　财务报告舞弊的经济后果研究

对于企业的财务报告舞弊行为及其影响因素和经济后果，现有研究已较为丰富（Amiram 等，2018）。与本书最为相关的是其经济后果，所以本节重点对财务报告舞弊的一般机理以及其在资本市场、产品市场和劳动力市场的经济后果进行回顾。

一、财务报告舞弊的一般机理

现有研究对于财务报告舞弊的一般机理的解释，主要包括 GONE 理论、舞弊风险因子理论和舞弊三角形理论。①GONE 理论。这一理论认为，财务报告舞弊由 G、O、N、E 四个因子组成，其中 G 表示贪婪、O 表示机会、N 表示需要、

E 表示暴露。②舞弊风险因子理论。这一理论是在 GONE 理论基础上发展形成的，它将影响舞弊的风险因子分为两类：一般风险因子和个别风险因子。其中，一般风险因子包括舞弊机会、发现概率、惩罚性质与程度；个别风险因子包括道德品质与舞弊动机。③舞弊三角形理论。这一理论将影响舞弊的因素总结为三个方面：压力、机会和借口，缺少任何一方面都无法形成舞弊。压力能够诱发舞弊行为的产生、为舞弊者提供动机；机会为舞弊者提供了实施舞弊的条件和时机；借口则为舞弊者的行为找到了开脱的理由和解释，这些理由和解释与其道德观念和行为准则相吻合，但其本身并不一定真正合理。

综上所述，GONE 理论和舞弊风险因子理论主要解释了影响个人舞弊的因素，而舞弊三角形理论则同时解释了影响个人和企业舞弊的因素。

二、财务报告舞弊的资本市场后果

在资本市场上，财务报告舞弊会影响企业价值、融资成本、资本投资效率与并购、公司治理、信息披露和利益相关者行为等，并且还具有外溢效应。

（一）企业价值

财务报告舞弊会影响企业价值。大量经验证据表明，财务报告舞弊曝光或财务重述之后，公司的市场价值会显著下跌（Feroz 等，1991；Dechow 等，1996）。Fero 等（1991）和 Dechow 等（1996）发现，财务报告舞弊公司的股价在宣告舞弊的当天会下降9%～10%。Karpoff 等（2008）发现，财务欺诈公司通过欺诈行为每抬高 1 美元股价，在欺诈行为被曝光之后，公司平均要付出额外 3.08 美元的代价，其中声誉损失高达 2.71 美元。基于中国资本市场的研究也得到了类似结论——中国股票市场对财务报告舞弊具有负面反应（杨忠莲和谢香兵，2008；杨玉凤等，2008；魏志华等，2009；汪昌云和孙艳梅，2010；王清刚和尹文霞，2011；周晓苏和周琦，2012）。例如，杨玉凤等（2008）、杨忠莲和谢香兵（2008）发现，财务违规公司在处罚公告前后较短的时间窗内的累计超额收益率为负，市场普遍对这些公司做出显著的负反应。

财务报告舞弊促使投资者做出抛售股票的决定。Desai 等（2006）发现，在公司发生财务重述的前 18 个月，市场卖空者的平均持股水平为 2.18%；而在财务重述月份，其持股水平提高到 2.74%；在财务重述的后 12 个月内，其持股水平则下降至 2.07%。Hribar 和 Jenkins（2004）发现，短期机构投资者通常在公司披露财务重述的前一个季度就开始减持股票，而其他类型的机构投资者在发生财务重述前并没有调整股份持有的行为，当然所有类型的机构投资者在财务重述报告公布后都会减持财务重述公司的股份。

财务报告舞弊还降低了盈余反应系数（ERC）。Anderson 和 Yohn（2002）发现，相比于财务重述之前，财务重述之后的盈余反应系数有所降低，投资者对财务报告的信任程度有所下降。Wilson（2008）则发现，财务重述公告之后盈余反应系数呈"U"形变化，即短期内市场认为财务重述公司的财务报告可靠性降低，但平均 4 个季度之后反弹，市场对财务重述公司的财务报告信任程度回到平均水平。陈晓敏和胡玉明（2011）在中国资本市场也发现，财务重述公告使得重述公司的盈余反应系数降低，投资者对其信任度大打折扣。在涉及核心会计指标重述的公司中，盈余反应系数的下降更为显著。

（二）融资成本

财务报告舞弊被发现之后，企业面临的融资约束会上升，融资成本和融资难度均增加，融资能力下降。具体体现在股权融资成本上升、债券融资成本上升、债务融资能力下降以及债务契约的签订受影响等方面。

（1）股权融资成本上升（Hribar 和 Jenkins，2004；Kravet 和 Shevlin，2010；支晓强和何天芮，2010）。Hribar 和 Jenkins（2004）发现，在财务重述公告一个月后，投资者降低了对公司会计信息质量的预期，因此投资者提高了其要求的必要报酬率，导致公司的资本成本平均上升 7%～19%。Kravet 和 Shevlin（2010）采用 Fama-French 三因子模型研究发现，财务重述公告使公司短期内的信息风险定价显著上升，从而导致公司的资本成本上升。支晓强和何天芮（2010）将是否发生财务重述作为衡量强制信息披露质量的标准，研究发现强制信息披露质量低的公司具有较高的权益资本成本。

（2）债务融资成本上升（Graham 等，2008；Chen 等，2011；何威风等，2013）。Chen 等（2011）利用中国上市公司样本研究发现，舞弊公司的贷款利率显著高于非舞弊公司，融资成本更高。进一步地，Graham 等（2008）将公司进行财务重述的原因分为财务欺诈和其他原因两类，发现由于财务欺诈而重述的公司的贷款利率要远大于由于其他原因而重述的公司的贷款利率。

（3）债务融资能力下降，贷款规模显著减少（如 Chen 等，2011；潘克勤，2012；李红梅和韩庆兰，2013）。Chen 等（2011）发现，在中国上市公司中，舞弊公司与受罚之前和非舞弊公司相比，受罚之后获得的贷款额度会减少。Hung 等（2015）发现，在发生财务丑闻的中国上市公司中，相比于破坏市场声誉的公司丑闻，破坏政治关系的丑闻将导致国有银行贷款大幅减少。李红梅和韩庆兰（2013）发现，财务重述显著降低了公司的债务筹资规模，并且财务重述项目数量越多、相对重述调整金额越大，公司的债务筹资额就越少。

（4）财务报告舞弊影响企业债务契约的签订（Graham 等，2008；Costello，2011）。Graham 等（2008）发现，银行对重述之后首次贷款的公司会提出更加严格的要求，例如，要求更高的利差、更短的期限，以及进行更多的安全性要求和契约限制要求。Costello（2011）发现，当公司发生财务重述时，债权人会增加价格和安全保护等与财务数据相关性较低的条款，并通过增加额外的条款、减少贷款到期时间来对管理层的行为施加约束。

（三）资本投资效率与并购

由于财务报告舞弊扭曲了会计信息，因此会降低企业的资本投资效率。Kedia 和 Philippon（2009）发现，财务报告舞弊公司经理人为了向市场传递业绩良好的信号会有意识地进行盈余管理，模仿市场上的高绩效公司进行过度投资。虚假的财务报告信息使公司的生产效率和经济效益下降，进而导致公司的资源配置效率下降。McNichols 和 Stubben（2008）、李青原和罗婉（2014）同样发现，舞弊公司在舞弊或重述期间（即舞弊曝光前或重述公告前）存在过度投资的行为。而在舞弊曝光或重述公告后，公司便不再进行过度投资行为。此外，在违规公司受到处罚后，顾小龙等（2017）发现，公司也会进行激进的过度投资，以期修复公司的受损形象，对冲处罚带来的负面影响。

财务重述还会影响企业并购，重述公司的信息风险降低了并购者的收购意愿和收购出价。Amel-Zadeh 和 Zhang（2014）利用匹配样本研究发现，相对于对照组，进行财务重述的公司成为并购对象的可能性更低，且即使重述公司收到收购报价，并购交易也很可能中断，需要花更长时间完成交易。重述公司的并购溢价也明显更低。Skaife 等（2013）通过构建一个检测财务报告质量的积分卡模型研究了财务信息质量对并购的影响，发现被并购方财务报告质量越低，并购方越可能提供更高的并购溢价，但是低质量的财务报告增加了重新谈判以及并购交易失败的可能性。

（四）公司治理

财务报告舞弊后，公司会采取相应的措施改善治理（Chakravarthy 等，2014），包括增加外部董事（Marciukaityte 等，2006；刘明辉和韩小芳，2009），选择更有经验的继任 CEO（Gomulya 和 Boeker，2014），改善内部控制（张子余和李常安，2015）等。Marciukaityte 等（2006）发现，财务欺诈公司会提高董事会和监事会中的外部董事比例，以此改善内部控制，恢复投资者对公司的信心。Chakravarthy 等（2014）发现，在财务重述之后，公司有动机针对不同的利益相关者（包括资本提供者、客户、员工和地理社区）制定相应的声誉修复策略（如改善公司治理、解雇高管、增加员工薪酬、改善内部控制系统、重组公司以及回购股票等），并且在声誉得到修复时产生了积极的市场回报，提高了重述公司的财务报告可靠性。Gomulya 和 Boeker（2014）发现，财务重述较为严重的公司更倾向于选择具有 CEO 经验、有能力给公司带来好转、有精英教育背景的接班人。股市、分析师和大众媒体对此行为均产生了正向反应。

在中国资本市场中，一些学者认为，资本市场处罚改善了公司治理状况，提高了财务信息质量。例如，刘明辉和韩小芳（2009）发现，对舞弊公司的"谴责"有助于促进舞弊公司完善董事会制度，降低高管持股比例，并且提高财务信息质量。不过，大部分学者认为，中国资本市场监管存在选择性执法问题，处罚效果有限。张子余和李常安（2015）发现，在违规公司受到处罚后，衡量内控有效性水平中的面向报告目标与合规性目标有所改善，但该改善不具有持续性；此外，面向资产安全性、战略目标与经营目标则在处罚前后无显著变化。沈洪波等（2014）发现，民营上市公司普遍存在的政治关联削弱了证券行政处罚的治理效应。高利芳和盛明泉（2012）发现，违规公司受罚后的盈余管理行为有增无减，并且公司更多地使用了较为隐蔽的盈余管理方式——真实活动盈余管理，以规避证监会的处罚。

（五）信息披露

财务报告舞弊显著影响企业的信息披露行为。舞弊公司在受到处罚之后，盈余操纵程度显著下降（耿建新等，2002），或采用更为隐秘的盈余管理方式（高利芳和盛明泉，2012；李青原和赵艳秉，2014），或发布更少、更模糊的盈利预测（Ettredge 等，2013）。Ettredge 等（2013）认为，重述公司一方面可以通过盈利预测提供更多、更好的信息来修复声誉，另一方面可以通过减少预测中的信息来规避风险。实证结果发现，与控制组公司相比，重述公司在重述后发布的盈利预测减少，并且预测的精确度下降，支持了第二种假说。

（六）利益相关者行为

财务报告舞弊影响分析师跟踪和预测，跟踪人数大幅下降、预测误差增加（Dechow 等，1996；Palmrose 和 Scholz，2004；马晨等，2013）。Dechow 等（1996）发现，财务报告舞弊被发现之后，跟踪舞弊公司的分析师会大幅下降。Palmrose 和 Scholz（2004）发现，公司进行财务重述之后，分析师的盈余预测报告会更加分散，并伴随着不断的盈余预测修正。马晨等（2013）发现，在我国，财务重述会减少分析师跟进、增加分析师预测的分歧和误差，并且重述调减的以前年度损益与分析师预测的分歧和误差呈正相关关系。

财务报告舞弊影响审计师选择、审计意见和审计收费。舞弊发生后，企业会更换现任审计师（Hennes 等，2013；马晨等，2016），支付更高的审计费用（朱春艳和伍利娜，2009），减少审计意见购买（张宏伟，2011）。Hennes 等（2013）发现，公司发生严重的财务重述之后，审计师很有可能被解雇，表明财务重述公司可以通过更换审计师来重拾财务报告可靠性。马晨等（2016）发现，在财务重述后的一年内，事务所被解聘的频率在财务重述公司中要高于未发生财务重述的公司。李青原和赵艳秉（2014）发现，发生财务重述的公司在重述后为了获取标准审计意见往往存在购买审计意见动机，且会通过较为隐蔽的手段来实现其审计意见购买的目的。朱春艳和伍利娜（2009）发现，上市公司被处罚当年及之后年度，审计师出具非标准审计意见的概率会更高，并且审计师会要求更高的审计费用。

财务报告舞弊还增加了企业的诉讼风险。Palmrose 等（2004）发现，38%的财务重述都会导致诉讼，包括对公司、高管、董事会以及审计师的诉讼。当财务重述涉及盈余以及欺诈行为时，诉讼会增多。Levi（2008）发现，相比于其他形式的重述，降低历史盈余的重述更可能导致集体诉讼的发生。

（七）外溢效应

财务报告舞弊不仅影响舞弊企业的行为和经济绩效，还会通过会计信息的外溢效应，影响到相关企业的行为。财务报告舞弊会通过关联股东（刘健等，2015；赵艳秉和李青原，2016）、高管社会网络（Chiu 等，2012；陈仕华和陈钢，2013）、同行企业（Kedia 等，2015）、同一地区（杨敏等，2012）等渠道而影响其他公司的财务报告舞弊行为。

财务报告舞弊对股价存在负向的溢出效应，这种溢出效应通过行业、产业链、集团等关联关系发挥作用。现有研究发现，当一家企业财务报表重述后，投资者对同行企业的信任度也会下降，导致同行企业的估值也随之下降（Xu 等，2006；Gleason 等，2008；俞欣等，2011；李世新和刘兴翠，2012；Paruchuri 和 Misangyi，2015）。Chen 和 Lai（2007）、赵艳秉和李青原（2016）分别从供应链和企业集团角度研究发现，财务报表重述在供应链上或集团内部均存在负传染效应。

财务重述会对同行企业的投资行为产生外溢效应。Kumar 和 Langberg（2010）、Li（2015）发现，财务报告舞弊公司在舞弊实施期间粉饰公司业绩，导致投资者对行业前景预期提高，进而导致同行竞争者为了寻求市场机会而过度投资。Durnev 和 Mange（2009）发现，在发生财务重述之后的一年内，同行企业普遍会降低投资增长率。唐彬彬（2014）也发现，在财务重述公司夸大收入进行舞弊期间，其同行业公司会增加投资，使得同行业公司的投资效率较低。

财务报告舞弊对同行企业的其他经营决策也有一定溢出效应。Li（2015）发现，在财务重述期间，财务重述不仅会影响同行企业的长期决策，如资本性投资和 R&D 投资，还会影响同行企业的短期决策，如广告支出以及定价策略。Holzman 等（2021）发现，企业财务报告舞弊会影响当地与金钱有关的犯罪数量，如抢劫、盗窃等案件在发生财务报告舞弊的地区有显著增长。

三、财务报告舞弊的产品市场后果

从上一节的文献回顾可知，财务报告舞弊损害了企业的资本市场表现。本节回顾了财务报告舞弊对产品市场的影响。已有研究发现，财务报告舞弊对产品市场绩效带来了负面影响。Sadka（2006）通过理论分析指出，舞弊企业为了掩饰其舞弊行为、证明其业绩的"真实性",会通过制定扭曲性的产品定价以获取市场份额,而这一行为最终会造成社会福利损失。Raman 和 Shahrur(2008)发现,企业盈余管理活动会影响"供应商—客户"关系,损害供应商与客户之间的长期合作。Johnson 等(2014)发现,在企业的舞弊行为曝光后,原有客户倾向于终止与舞弊企业的商业合作关系。利用中国上市公司数据,陈运森和王汝花(2014)、钱爱民和朱大鹏(2017)等也发现,公司在财务重述后或违规被处罚后,引起了供应商对目标企业会计信息质量的关注,因此从供应商处获得的商业信用额度变少,商业信用的使用成本上升。这表示公司舞弊导致声誉受损的影响由资本市场传染到了产品市场,对"供应商—客户"关系带来了负面影响,并且在竞争激烈的行业、非国有企业、市场地位低的企业以及金融生态环境较差的地区该影响更为显著。

四、财务报告舞弊的劳动力市场后果

对于财务报告舞弊的劳动力市场后果,现有研究主要集中在高管劳动力市场。财务报告舞弊对管理者聘任决策有显著的影响。总体而言,财务报告舞弊曝光后,CEO、CFO 等高管以及董事会成员面临更高的离职率和更低的薪酬水平。

(一)高管与董事离职

早期实证研究受限于样本过小等因素,没有发现财务报告舞弊会提高高管离职率(Beneish,1999;Aggarwal 和 Samwick,1999)。20 世纪 90 年代以来,一方面上市公司的外部监管不断增强,机构投资者对公司的影响加深;另一方面公司内部大股东活动增强,董事会独立性提高;再者职业经理人市场迅速发展,这三方面的因素令公司高管变更愈加频繁。因此,财务报告舞弊对于高管更换有着越来越显著的影响。近年来大部分研究均发现,财务报告舞弊显著增加了高管离职率(Srinivasan,2005;Desai 等,2006;Arthaud - Day 等,2006;Sun 和 Zhang,2006;Fich 和 Shivdasani,2007;Karpoff 等,2008;刘明辉和韩小芳,2011;醋卫华,2011;张健等,2015)。Desai 等(2006)研究发现,在财务重述公告的后24 个月内,60%的重述公司至少更换了一名高管,而在年龄、规模、行业匹配的对照组里高管更换率只有 35%。Karpoff 等(2008)发现,在高管被判定应承担舞弊责任的财务报告舞弊公司中,93%的受罚高管在舞弊行为被发现后都会离职，并且大部分是被公司解雇的。舞弊也会影响这些高管未来在经理人市场的就业机会，高管自身也会受到法律惩罚（如刑事指控），损失不菲的个人财富。Leone 和 Liu（2010）以 96 家因会计违规被惩罚的公司以及与之匹配的控制组为样本，研究发现当会计违规行为被披露时，CEO 的离职率具有差异，创始人 CEO 比非创始人 CEO 更不可能被解雇。

财务报告舞弊增加了外部董事的更换率。Srinivasan（2005）以 1997~2001 年发生财务重述的 409 家公司为样本研究发现，财务重述引起了公司的外部董事被更换，因为外部董事特别是审计委员会成员需要承担财务报告失败造成的声誉成本。Arthaud-Day 等（2006）利用事件历史分析法研究发现，发生重大财务重述的公司更换 CEO 和 CFO 的概率是对照组公司的两倍以上，并且董事会和审计委员会成员的更换率也高达 70%。Fich 和 Shivdasani（2007）以因财务欺诈被股东集体起诉的公司为样本研究发现，财务报告舞弊公司的股东集体诉讼并没有导致公司出现异常的外部董事更换率，但是外部董事在其他董事会席位上的职位明显减少，尤其是在公司治理更严格的企业中。

基于中国背景的研究也得出了类似的结论。Sun 和 Zhang（2006）以中国上市公司为样本，发现舞弊事件后公司高管（包括董事、高级经理）的更换率显著提高。醋卫华（2011）以 2003~2008 年发生财务丑闻的公司高管为研究样本，发现财务丑闻的声誉惩罚显著提高了丑闻公司的高管变更率，分别导致公司董事长和总经理的变更率提高了 8.02% 和 2.46%。张健等（2015）以 2004~2011 年家族上市公司为样本研究发现，家族上市公司在舞弊后更换家族 CEO 的比例显著高于职业经理 CEO，以作为应对外界监管和市场压力的权宜之计。刘明辉和韩小芳（2011）以 2002~2005 年因财务报告舞弊被证监会、上交所和深交所谴责公告的 61 家 A 股上市公司为样本，发现财务报告舞弊公司的董事会在被处罚后发生了显著变更。

（二）高管薪酬

财务报告舞弊导致涉事高管薪酬下降（Collins 等，2008；Cheng 和 Farber，2008；Burks，2011；王海燕和陈华，2011；Conyon 和 He，2016）。Collins 等（2008）利用 81 家发生财务重述的公司为样本发现，财务重述的公司 CFO 离职率更高、薪酬更低，并且当财务重述导致集体诉讼时 CFO 受到的惩罚力度更大。

Conyon 和 He（2016）在 2005~2010 年财务欺诈的中国上市公司中发现，CEO 薪酬与公司欺诈之间呈显著负相关，财务欺诈发生后，公司所有者和董事会会通过降低薪酬的方式对 CEO 的失职实施惩罚；并且财务欺诈越严重，CEO 薪酬越低。王海燕和陈华（2011）以中国证券市场 1999~2008 年的上市公司为样本发现，外部违规监管会显著影响管理层薪酬，公司会对主要责任人进行现金薪酬处罚，以约束管理层的市场行为。不过，部分研究得出了不同的结论。Burks 等（2011）发现，萨班斯法案出台后财务重述的严重性明显下降，财务报告舞弊后 CFO 更换率提高，但是 CFO 的薪酬没有明显变化。而财务报告舞弊后，CEO 薪酬中的期权比例有所下降。Cheng 和 Farber（2008）以 1997~2001 年 289 家发生财务重述的公司为样本发现，在重述后的两年内，CEO 薪酬中期权所占的比例显著下降，并且伴随着股价波动性的降低以及经营业绩的提升。

（三）普通员工劳动力市场

现有研究对于财务报告舞弊在普通员工劳动力市场的后果认识还不充分，目前较为缺乏。与之最为相关的研究是 Kedia 和 Philippon（2009）。Kedia 和 Philippon（2009）指出，在财务报告舞弊期间、舞弊曝光之前，舞弊企业为了掩饰其虚报业绩行为，证明其业绩"良好"，会扩大雇佣规模和过度投资。在舞弊曝光之后，企业会解雇工人、减少投资，从而使生产率有所提高。进一步地，他们利用舞弊企业和非舞弊匹配企业为样本进行实证分析，验证了上述假说。

然而，对于财务报告舞弊的高学历员工雇佣后果和员工薪酬后果，特别是对人力资本损害的强调，目前还没有相关的理论和实证证据。

第二节　企业员工雇佣相关研究

本节以企业的员工雇佣情况为切入点，对劳动力市场的相关研究进行回顾，具体着眼于企业雇佣规模、员工薪酬、员工结构、劳动力成本性态、劳动力投资效率、劳动力专有投资、员工保护等雇佣决策，分别对企业员工雇佣的影响因素和经济后果进行回顾。

一、企业员工雇佣的影响因素

影响企业员工雇佣的因素主要有以下九个方面：法律因素、经济因素、所有制结构、融资决策、经营活动、财务报告、公司治理、管理层、员工激励与员工心理。

（一）法律因素

劳动法对企业的员工雇佣有着重要的影响。一般来说，劳动保护力度越强，劳动力雇佣成本越高，企业的雇佣决策就越灵活。Atanassov 和 Kim（2009）发现，在投资者保护较差而劳动力保护较强的国家中，业绩表现不佳的公司为了避免造成大规模裁员，会选择出售资产，并且为了维持管理的稳定性还会招揽员工。然而，沈永建等（2017）发现，我国微观企业劳动力成本总量呈上涨趋势，并且在 2008 年《中华人民共和国劳动合同法》（以下简称《劳动合同法》）实施之前已经存在。虽然五险一金比例的增加对该上涨趋势带来了增量影响，但是《中华人民共和国社会保险法》和《住房公积金管理条例》对其影响更为直接，而这两项法规的执行在《劳动合同法》推行后得到了强化。叶林祥等（2015）以中国六省市 2009 年企业和员工匹配数据为样本发现，相对于其他发展中国家，我国的最低月工资政策得到了良好遵守。最低工资政策在劳动密集型企业和港澳台商投资企业中，对员工基本工资、加班工资和小时工资都存在着显著影响。

税收对于劳动力也有重要影响。关于税收对劳动力的影响，有收入效应和替代效应两种理论：①收入效应认为，纳税减少了纳税人的收入，因此纳税人为了弥补税收带来的损失，会增加工作时间、雇佣更多的劳动力。②替代效应认为，由于纳税减少了企业的利润，此时不工作更加有吸引力，人们会倾向于减少工作时间，导致劳动力的供应下降。Swenson（1988）通过实验检验劳动力供应对不同税率的反应发现，替代效应大于收入效应。而 Collins 和 Plumlee（1991）通过实验进一步研究发现，纳税人的劳动力供应并不只受税率的影响，还会受到罚金和财务报告收入的影响。倾向于少报收入的企业由于少交税减小了替代效应，会选择雇佣更多的劳动力（即收入效应）。Fernald（1944）研究了税收与就业的关系。一方面，在战争当中只有充分的就业和生产才能保证政府税收收入和战争的补给；另一方面，战争结束后大量军人需要安置，而这些军人的就业安置问题需要靠投资来保证。如果税率过高，企业税后利润太低，达不到投资者所要求的必要报酬率，那么投资就会减少，进而影响到战后军人的就业问题。王雄元等（2016）以我国特有的工薪所得税制度为背景，研究发现企业工薪所得税纳税筹划对职工薪酬激励效应具有促进作用。

（二）经济因素

劳动力调整成本会影响企业的雇佣决策。Hamermesh（1989）考察了企业在面对外生冲击时调整劳动力需求所面临的成本。结果表明，劳动力调整进行的是一个跳跃式调整：如果冲击较小，那么劳动力雇佣保持不变；如果冲击很大，就会瞬间达到一个新的均衡状态。

金融发展程度会影响劳动力就业。Pagano 和 Pica（2012）发现，金融市场的发展促进了劳动力就业。Chen 和 Chen（2016）研究了中国的金融发展对劳动力参与和就业的影响，发现金融深化程度对不同区域劳动力参与的影响是不同的。只有在西部地区，其影响是显著的。就业概率在西部地区会随着财务效率的增加而增加。

信贷供应能够影响劳动力就业。Bentolila 等（2018）、Benmelech 等（2019）发现，在经济大萧条时期，劳动力就业缩减的一个重要原因是信贷供应的减少或中断。地方银行的倒闭限制了企业用公债替代私债进行融资的能力，进而加剧了企业的融资约束，导致企业雇佣减少。Chodorow-Reich（2014）利用 2008~2009 年金融危机对信贷市场的影响也发现了类似的结论。

（三）所有制结构

企业的产权性质影响其雇佣决策。相比于非上市公司，上市公司的劳动力雇佣决策更加灵活。Hall（2016）研究发现，相比于私有银行，公众银行有更为弹性的劳动力成本结构，表明公众银行更偏向于保持劳动力弹性而非减少劳动力资源。虽然公众银行面临更大的财务报告压力，他们会通过售卖股权的方式来代替削减劳动力成本以避免盈余下降。

企业是否为国有性质显著影响其雇佣决策。郭荣星等（2003）利用山东省的两个企业的职工样本数据发现，企业股份制改造后职工的工资和收入的分配差距有非常明显的扩大。陆正飞等（2012）以 1999~2009 年我国 A 股上市企业为样本发现，国有企业支付了更高的职工工资。周明海等（2010）利用世界银行的投资环境调查数据发现，国企改制带来了生产效率的迅速提升，使得劳动收入份额有所下降。

企业中的外资股权也会影响其雇佣决策。周明海等（2010）发现，地方政府间的"引资竞争"吸引了高效率的外资企业加速涌入，使要素分配向不利于劳动的方向发生倾斜；企业中民营和外资股权的上升使劳动收入份额有所下降。王雄元和黄玉菁（2017）以2007~2014年中国沪深两市A股上市公司数据为样本研究发现，外商直接投资通过技术进步整体上增加了职工收入份额，且存在正向溢出效应。

（四）融资决策

融资约束对企业雇佣决策有重要的影响。一些研究认为，融资受约束的公司会增加劳动力雇佣。Garmaise和Natividad（2010）通过理论建模研究发现，相比未受融资约束的公司，受到融资约束的公司会使用更多的劳动力来替代资本，这是因为知情的员工与不知情的资本提供者相比，能给公司提供更有效的融资。而且，受到融资约束的公司不容易吸引新员工来替代现有员工，它们的员工留任率更高，同时还会推行"员工即为企业所有者"的激励措施，鼓励员工对公司投资。还有一些研究认为，融资约束会降低劳动力雇佣。Falato和Liang（2016）使用断点回归设计，发现债权人技术性违约后，公司加快了大幅裁员速度。较高的融资摩擦和较弱的员工议价能力会导致公司的裁员规模增加。Benmelech等（2011）使用三个准自然实验研究发现，金融市场的不完善会对企业的就业决策产生重大影响。财政约束和信贷的可用性在企业层面的就业决策以及总体失业率水平上扮演了重要角色。

融资受约束的公司会采取更加灵活的雇佣政策。Fernandes和Ferreira（2017）使用葡萄牙私营部门公司的相关雇主—雇员数据考察了2008年金融危机对就业的影响。结果表明，相较于财务敏感性较低的行业，在财务敏感性较高、受财务约束更多的行业中，公司更倾向于雇佣较大比例固定期限的员工。在员工层面的证据同样显示，在金融危机之后，比起其他行业的员工，应聘到财务敏感性更高、受财务约束更多的行业的员工更容易获得定期合同。

融资约束也会导致劳动力配置不当。Caggese等（2019）发现，当受到负面冲击时，为了降低成本，融资受约束的公司会被迫解雇那些具有高技能、能带来生产率提升的短期合同员工，而融资不受约束的公司会留下这类员工。因此，融资约束扭曲了劳动力配置。

融资约束的公司对员工的保护也较差。Cohn 和 Wardlaw（2016）发现，融资摩擦对工作场所工人安全方面的投资产生了不利影响。工人受伤率随着财务杠杆的增加或者现金流的负面冲击而增加，随着现金流的正面冲击而减少。

（五）经营活动

企业的经营活动对员工薪酬有显著影响。张杰和黄泰岩（2010）发现，企业利润率、税收负担、外部需求和是否获得贷款与企业人均薪酬收入呈现出显著的负相关关系，符合"利润挤占薪酬""税收挤占薪酬""资本积累挤占薪酬"以及"利息挤占薪酬"假说。邵敏（2011）从企业异质性视角研究发现，我国工业企业的出口活动对员工收入水平总体上产生了显著的负向作用，但在不同要素密集度（劳动密集度、技术密集度、资本密集度、资源密集度等）的行业中结论也会有所不同。

企业多元化有利于人力资本配置。Tate 和 Yang（2015）研究发现，多元化企业具有较高的劳动生产率，并且为了应对机遇变化，多元化企业会将劳动力重新部署到具有更好前景的行业。内部劳动力市场也为员工提供了更多的机会和激励，促进了人力资本的发展。相比于公开市场上的员工，多元化企业的员工在内部市场中变更工作更频繁，也更容易在公开市场中的其他行业就业，并且工资损失较小。然而，多元化企业的人力资本配置也存在溢出效应。Bernstein 等（2019）发现，当企业的某一部门清算后，在其附近的部门也会减少劳动力雇佣。

（六）财务报告

会计信息质量影响企业的劳动力投资决策。Jung 等（2014）研究发现，高质量的会计信息可以提高劳动力投资效率，因为其能减少劳动力过度投资和投资不足。此外，财务报告方式会影响企业生产率。Banker 等（2002）以 1991～1993 年 7 个取消直接人工成本差异报告的工厂（实验组）以及 11 个没有取消报告的工厂（对照组）为样本，实验研究发现，在取消直接人工成本差异报告的企业中，劳动生产率显著下降，而没有取消报告的对照组企业产品质量有所提高。这说明直接人工成本差异信息对于监督员工具有一定作用。

（七）公司治理

公司治理与外部监督会影响企业员工。钟宁桦（2012）通过对我国12个城市的1268家企业调查数据研究发现，公司治理结构好的企业不仅利润率高，而且能够给员工提供更好的福利。好的公司治理能够约束经理人削减员工福利以追求个人短期利益的行为，调整他们在员工福利上的决策，使其更符合股东的利益。Brav等（2015）研究1994~2007年的2000起对冲基金干预事件发现，目标公司的劳动生产率有所提高，但是目标公司员工的工作时间有所减少，工资也出现停滞。

（八）管理层

高管的财务报告动机能够影响企业的雇佣决策。Dierynck等（2012）以比利时的私营企业为样本研究发现，如果管理者的动机是为了避免亏损或获得微小盈利，则管理者会在经营活动增加时小幅增加劳动力成本，而在经营减少时大幅减少劳动力成本。进一步研究发现，微小盈利的公司在解雇员工时会倾向于选择解雇劳动力成本低的员工。而盈利丰厚的公司为了保护劳动力市场声誉会尽量限制解雇人数，并根据经营活动的变化相应调整员工的工作时间。Caskey和Ozel（2017）以美国职业安全与卫生管理局的工作场所安全数据研究发现，与那些没有达到或远远超过分析师预测的公司相比，刚好达到或超过分析师预期的公司的员工受伤或疾病发生率明显较高。在刚好达到或超过分析师预期的公司中，较高的受伤或疾病发生率与员工工作负荷的增加和操纵性费用的异常减少有关。

政治关联也会影响企业的劳动力雇佣规模和雇佣效率。Faccio和Hsu（2017）发现，政治关联促进了私募股权公司的就业，特别是在选举年以及在腐败严重的州。魏下海等（2013）通过对2004年、2006年和2008年三轮全国民营企业调查数据研究发现，有政治关联企业的劳动收入份额显著低于无政治关联企业，且政治关联程度越高，劳动收入份额就越低。刘慧龙等（2010）研究发现，在国有企业中，相比非政治关联企业，政治关联企业的高管薪酬业绩敏感性更低、员工冗余程度更高；在非国有企业中，相比非政治关联企业，政治关联企业的高管薪酬业绩敏感性更高、员工冗余程度更低。

管理层权力能够影响企业的雇佣决策。王雄元等（2014）以2007~2010年A股国有上市公司为样本发现，权力大的国有企业CEO更倾向于支付较低的职工薪酬，并且更可能超额雇员，而超额雇员是 CEO 权力与职工薪酬负相关的一种可能解释。陈冬华等（2011）研究高管继任过程中职工薪酬的变化发现，高管变更企业在高管继任当年，员工薪酬发生了显著增长。并且相比内部提拔的高管，来自外部的高管对员工薪酬的提高幅度更大。这一结果说明高管和员工之间存在隐性联盟，实现了以牺牲企业利益的"互惠"。

高管的个人特质也会影响企业雇佣决策。Yonker（2017）研究了家乡地理因素对 CEO 决策的影响发现，相对于其他企业，位于 CEO 童年时期的家乡附近的企业被分拆的可能性更小，即便其在经历了行业困境之后的就业机会和薪酬都有所减少。Tate 和 Yang（2015）研究工厂关闭后工人的工资变化发现，女性员工的工资损失显著高于男性员工。而在女性担任领导的工厂中，男女员工的工资损失差距更小。Ben-Nasr 和 Alshwer（2016）研究管理者是否使用包含在股票价格中的信息以做出劳工投资决定。结果表明，知情交易的概率（PIN）越高，劳动投资偏离水平越低，劳动投资效率越高。

（九）员工激励与员工心理

对员工进行激励会影响员工的工作积极性。Choi（2013）通过实验发现，提供签约奖金能促进员工更加努力地工作。签约奖金作为一种非正式制度，能影响雇主对员工信任度的认知以及员工工作的努力程度。Dikolli（2001）研究发现，企业采用前瞻性业绩衡量标准可以有效减轻员工主要关注于短期业绩表现的现象及其带来的不利影响，从而提高员工雇佣时长。彭泗清等（2008）基于自我分类理论和自我确认理论研究发现，创造平等和谐的内部环境、增强员工多元化适应能力与团队多元化管理能力，能够促进员工创新行为、提升团队创新成效。

薪酬公平性会影响员工离职行为。步丹璐和白晓丹（2013）研究发现，员工与高管的薪酬差距代表了薪酬的内部公平性，当内部公平性更高时，员工离职率更低。钱爱民等（2014）进一步发现，员工相对于同行业员工的薪酬溢价代表了薪酬的外部公平性，当员工薪酬水平和外部公平性更高时，员工离职率更低；当薪酬内部公平性更高时，员工离职率更低。而在业绩下降时，若高管的薪酬增加比例显著高于员工的薪酬增加比例，会严重降低薪酬内部公平性，使得员工离职率显著提高。

员工心理因素也给员工离职行为带来了显著影响。多数研究通过问卷调查分析发现，员工满意度、组织承诺、员工对企业的印象和劳动力市场与员工离职倾向有较大关系（Price，2001；叶仁荪等，2005；韩翼和廖建桥，2007）。叶仁荪等（2005）对 499 名国有企业员工进行问卷调查发现，工作满意度和组织承诺与员工离职呈显著负相关关系，而影响员工离职意愿的主要变量包括制度约束、上级行为、工作报酬和工作激励。

二、企业员工雇佣的经济后果

企业员工雇佣的经济后果主要有以下六个方面：资产定价、企业绩效、融资决策、投资决策、其他经营决策、会计信息质量。

（一）资产定价

劳动力成本有重要的资产定价作用。Rosett（2001）研究发现，劳动力成本风险与企业的股权风险显著正相关，并且劳动力成本风险还提供了反映企业财务和经营杠杆风险的信息。Belo 等（2017）通过研究劳动力技能的异质性对资产定价的影响发现，企业的雇佣率与未来股票收益呈负相关关系；相比于低技能行业，在高技能的行业中这种负相关关系更为显著。Kuehn 等（2017）认为，劳动力市场负荷低的公司更容易受到不利的匹配效率的影响，并要求更高的预期股票收益率。Brown 和 Zmijewski（1987）研究发现，相比于劳动力罢工之前，罢工发生时金融分析师预测优势略有增加，罢工结束后预测优势明显增加；相比于非罢工期间，罢工发生期间盈余公告前后股价的波动性有所减小。Hilary（2006）研究组织化劳动力与知情交易之间的关系发现，高度组织化的劳动力与较高的买卖价差相关联，因此知情交易的可能性较高。Abowd 等（2005）进一步发现，企业中拥有最高技能的劳动力可以为企业生产力和市场价值带来不成比例的积极影响。

劳动力收入影响资产定价和个人投资行为。Santos 和 Veronesi（2006）研究发现，劳动收入与消费的比率与股票收益显著相关，因此劳动收入与消费的比率可以预测股票收益。此外，资产的贝塔值（beta）不仅取决于预期股息的增长，还取决于劳动收入占消费的比例。Betermier 等（2012）利用瑞典家庭数据研究发现，在工资从低波动性的行业转变为高波动性行业的家庭中，其风险资产的投资组合份额降低 35% 或 15575 美元。Lynch 和 Tan（2011）发现，具有低财富——

收入比率的年轻代理人拥有比年轻的富裕代理人和老代理人更少的股票。劳动收入增长的可预测性在年轻代理人对其投资组合决策中起着重要作用。

（二）企业绩效

员工薪酬决策会影响企业的经营绩效与效率。Akerlof 和 Yellen（1990）提出了薪酬努力假说，该假说认为企业支付给员工较高的薪酬是为了得到员工在工作方面的付出与努力，而降低薪酬可能会导致员工对企业的满意度下降和自身努力程度下降。此外，其他研究也证明了增加员工薪酬有助于提高员工生产力和工作绩效、薪酬满意度以及组织承诺与产出（Murray 和 Gerhart，1998；Katzenbach，2000；Yueh，2004），有助于降低员工离职率（步丹璐和白晓丹，2013），并最终有助于提高企业的未来业绩。宁向东和高文瑾（2004）发现，相比于没有职工股的公司，有职工股的公司的财务业绩表现显著更优；并且职工股的持股比例越高，公司财务业绩表现显著更好。此外，Pagano 和 Volpin（2005）发现，在高管和股东之间的利益冲突较大的企业中，支付给员工较高薪酬能够帮助企业联合员工一起抵抗恶意收购。叶康涛等（2013）也发现，提高劳动者工资有助于提升企业价值。张志学等（2013）研究发现，正式工与合同工之间的工资差距与"双轨制"程度对企业生产率的负向影响呈显著正相关关系。并且对于国有企业，"双轨制"程度与企业生产率成倒"U"形曲线关系。夏宁和董艳（2014）发现，员工薪酬与高管薪酬仅在国有中小上市公司中具有激励作用，可以提高其成长性。

员工雇佣决策也会影响企业的经营绩效与效率。当发生员工离职时，企业由于人才流失而承担的职位空缺成本、新员工上岗适应期间的低效率成本等间接成本都显著降低了企业的经营效率，而员工离职带来的直接成本最少为流失员工年薪的1/4（秦江萍和谢江桦，2004），最大则可达流失员工年薪的2~3倍（Philips，1990）。程德俊和赵曙明（2006）、曾庆生和陈信元（2006）均发现，降低员工流动率能够减少企业的招聘成本、培训成本等雇佣支出，从而提高企业绩效。步丹璐和白晓丹（2013）还发现较高的员工离职率会显著降低公司未来的会计业绩。Foster（2002）则发现，裁员会使公司的盈利能力增强，这种效果可以持续四年。对于过度雇佣行为，Kedia 和 Philippon（2009）认为，低生产率的公司通过过度雇佣和投资与高生产率的公司合并，这种行为扭曲了经济资源在经济中的分配。杨德明和赵璨（2016）利用 2008 年版《劳动合同法》的颁布研究发现，超额雇员显著降低了公司价值，原因是企业劳动力成本的提高。

（三）融资决策

劳动力市场摩擦对企业融资决策有重大影响。一些研究认为，劳动力保护成本与负债率呈负相关。Simintzi 等（2015）发现，劳动力市场的严格性是决定企业资本结构的重要因素。劳动保护增加了经营杠杆、挤出了财务杠杆，并且这种效应在频繁招聘和解雇的公司中更为明显。Serfling（2016）研究美国州层面的劳动保护法发现，在劳动保护法实施后，公司的负债率有所下降。此外，公司的经营杠杆率有所上升，盈余波动增加，雇佣也更加严格。Agrawal 和 Matsa（2013）将国家失业保险法的变化作为企业裁员所需承担费用变化的一个来源，发现较高的失业福利会导致公司杠杆的增加，特别是对于劳动密集型和处于财务困境的公司。

劳动力市场规模、劳动力市场流动性、薪资摩擦、人才质量、破产带来的劳动力成本等均影响企业资本结构决策。Kim（2020）通过对美国人口普查局的数据研究发现，企业建立新的工厂所产生的溢出效应，即劳动力市场规模的扩大，可以增加现有公司的债务与资本比率，降低财务困境的间接成本。Donangelo（2014）发现，如果劳动力更容易在地区间、产业间、部门间、就业状态间、企业间乃至工作间转移，企业将会面临更大的经营杠杆。Michaels 等（2016）发现，工资与负债率之间有强烈的负向关系，无论是跨部门还是公司内部；而雇佣与负债率之间具有比较弱的负向关系，强度也较低。Baghai 等（2020）发现，随着企业失去人才的风险增加，企业会选择降低财务杠杆。Graham 等（2008）认为，企业破产导致员工收入大幅下降，而提高事前工资又反过来增加了企业的财务困境成本。破产降低了公司和员工之间的风险分担，由此产生的额外劳动力成本极大，因此成为公司资本结构决策的一级考虑因素。

工会能够影响企业债务契约的签订。Cheng（2016）研究了工会对债务契约的影响。研究发现，具备强大工会的企业更倾向于向银行借款而非公开发行债券。这是由于通过与银行私下沟通，拥有强大工会的公司可以在减少逆向选择成本的同时保持与工会成员的信息不对称。与工会成员相关的披露成本显著影响着公司的债务契约决策和后果。

（四）投资决策

在企业雇佣对投资决策的影响方面，已有研究主要关注于中国 2008 年《劳动合同法》的实施对企业投资行为产生的影响。卢闯等（2015）通过研究新《劳动合同法》颁布实施前后上市公司的劳动密集度对异常投资水平的影响发现，劳动保护的加强使劳动密集度较高的企业更容易发生投资不足。倪骁然和朱玉杰（2016）发现，增强劳动保护能够增加企业的研发投入并促进企业创新。在新《劳动合同法》实施后，劳动密集型企业中以研发投入或专利申请衡量的创新投入显著增强。潘红波和陈世来（2017）发现，新《劳动合同法》的实施强化了员工保护，却令民营企业的投资水平有所下降，并且在劳动密集型行业中投资水平下降更为显著，而对具有雇员软约束的国有企业投资影响较弱。

（五）其他经营决策

企业雇佣会影响企业的现金持有。Ghaly 等（2017）发现，当企业中拥有较高比例的高技能员工时，企业在面对外部现金流冲击时调整员工雇佣的自由度会下降，因此会选择持有更多预防性现金。Klasa 等（2009）发现，在更加工会化的行业中，企业在战略上持有较少的现金，以此获得与工会讨价还价的优势，并从工会需求中保护企业利润。

劳动保护能够影响企业收购。Dessaint 等（2017）认为，劳动力重组会显著影响企业收购。劳动保护程度的增加将导致收购活动减少，并且合并企业收益会减少一半以上。

劳动保护影响企业的成本黏性。Banker 等（2013）以 1990~2008 年 19 个经合组织国家的公司为样本研究就业保护法规对企业资源分配的影响发现，企业层面的成本黏性程度随不同国家就业保护法规的严格程度而变化，说明管理者在面临调整成本时会有意识地改变资源分配。

工会能影响企业的税收激进程度。Chyz 等（2013）考察工会化对企业税收激进程度的影响发现，企业的税收激进程度与工会权力之间存在负相关关系，工会选举胜利后税收激进程度会有所下降。

工会还能影响企业创新。Bradley 等（2015）使用断点回归设计来考察工会化对企业创新的因果效应。结果表明，工会选举三年后，8.7%（12.5%）的专利数量（质量）下降、研发支出减少、现有和新雇用的研发人员的生产力下降甚至会选择离职。

（六）会计信息质量

员工素质会影响财务报告质量。Call 等（2017）研究了员工质量与财务报告质量之间的关系。使用总部所在的地区中员工的平均受教育水平来衡量员工质量研究发现，拥有高素质员工的公司具有更高的应计会计质量、更少的内部控制违规和更少的财务重述。这些公司还会发布更高质量的管理层预测，具体体现在频率、及时性、准确性、精确度和无偏性等方面。

工会可以影响财务报告质量。Liberty 和 Zimmerman（1986）以 1968~1981年 105 家有工会组织的公司的数据为样本，检验公司在与工会谈判期间财务报告的盈余是否会下降。实证结果表明，在与工会谈判期间，公司本身业绩表现不佳，而管理层也并没有动机调低盈余。Bova（2013）研究了工会谈判对管理者的盈余管理行为的影响发现，工会企业比非工会企业更有可能偏离分析师预测，并且这种偏离的倾向在公司工会员工比例较高以及多元化企业中更为严重。

员工保护也会影响财务报告质量。Dou（2017）研究了国家层面的失业保险金变化外生冲击事件对企业盈余管理行为的影响发现，企业为了使员工的就业看起来更有保障，通常会对长期盈余进行向上的盈余管理。但是当国家层面的失业保险金增加时，企业进行向上盈余管理的动机会下降。

内部薪酬差距影响财务报告质量。杨志强和王华（2014）以我国 2002~2011年上市公司的数据为样本研究发现，内部薪酬差距与企业盈余管理程度呈显著正相关关系，并且这一正相关关系在股权集中的公司中更加明显。进一步研究表明，这一效应是股东动机和高管动机共同作用的结果。

员工薪酬能够影响会计稳健性。沈永建等（2013）对员工薪酬、工资刚性与会计稳健性的关系进行分析发现，较高的员工薪酬、工资的向下刚性特征以及作为工会规模代理变量的职工人数均与会计稳健性呈显著正相关关系。

第三节　人力资本理论研究

本节对人力资本理论的研究进行了回顾，包括以下两个方面：①现代人力资本理论的形成与发展；②人力资本对企业经营发展的影响。

一、现代人力资本理论的形成

第二次世界大战结束后，随着各国经济的逐渐复苏，出现了许多经济问题，然而无法用新古典经济学进行解释。20世纪60年代初，Theodore W. Schultz 率先提出了人力资本的概念与性质、人力资本投资的内容与途径、人力资本在经济增长中的作用等思想，被誉为现代人力资本理论的开创者。Schultz（1960，1961）指出，人力资本是体现于人身上的资本，即人身上具有的知识和技能的总和。对人力资本进行投资可以通过接受教育、培训等途径，也包括对健康进行投资。不同于新古典经济学中的"资本同质""劳动力同质"假设，Schultz（1960，1961）使人力资本理论成为一个新的经济学领域。

Denison（1962）通过实证检验证明了人力资本在经济增长中的重要作用。他指出，美国1929~1957年的经济增长中1/4应归功于教育的发展，即对人力资本投资的积累。教育水平的提高使劳动力平均质量提高，而劳动力质量的提高对国民收入增长做出了一定贡献。Denison（1962）为 Schultz（1961）的理论提供了有力的实证证据。

Becker（1964）进一步发展了人力资本理论，提出了人力资本理论框架，形成了系统化的理论体系，也对人力资本的性质和投资进行了系统性的阐述。Mincer（1974）则根据人力资本理论推导出收入决定函数，从个人收入分配的角度研究发现，劳动者收入增长的一项重要影响因素是受教育水平的提高，而受教育即对人力资本的一种投资。

基于中国样本的研究也发现了类似的结论。例如，姚先国和张海峰（2008）实证分析发现，我国劳动力教育水平对地区经济增长具有显著的促进作用，并且还具有一定程度的正溢出效应。詹宇波等（2012）发现，在我国制造业企业中，员工的工资水平与其教育水平、培训投入和工作经验呈显著正相关关系。

综上所述，现代人力资本理论的形成与发展重新证明了人，特别是具有专业知识和技术的高层次人才，能够推动经济增长和经济发展。而教育是提高人力资本的基本手段，教育水平也被众多学者用作企业人力资本的衡量指标（Schultz，1961；Mankiw 等，1992；Barro 和 Lee，1993）。

二、人力资市对企业的影响

人力资本对企业的经营发展具有重要影响。已有研究显示，人力资本能够影响企业生产率、企业绩效、企业重大决策、企业创新等行为，并且还能够影响企业的会计信息质量。

（一）企业生产率

人力资本影响了企业的生产率。赖明勇等（2005）建立了理论模型并实证检验证明，对人力资本进行投资提高了劳动力的教育水平和技能水平，进而增加了劳动生产率和产出水平。都阳（2013）通过对我国制造业企业研究发现，用高技能员工替代低技能员工能够促进企业技术进步、生产率提高。廖冠民和宋蕾蕾（2020）还发现，中国2008年《劳动合同法》的实施令人力资本密集的企业的全要素生产率显著提高。

（二）企业绩效

企业家（高管）人力资本会显著影响企业绩效。程承坪（2001）认为，企业家人力资本，包括其能力、努力、资源等方面，对企业绩效产生了综合影响。谢雅萍（2008）将企业家人力资本进一步分为教育型、实践型和激励型，认为教育型和实践型会影响企业家的能力，而激励型则会影响企业家的努力程度。实证检验发现，教育型和实践型企业家人力资本对企业绩效的正向影响大于激励型企业家人力资本。陈志辉（2005）发现，在中小企业中，企业家的人力资本存量越高，对企业绩效提升的帮助越大。

普通员工人力资本也会显著影响企业绩效。冯丽霞和张琪（2007）选取部分上市公司数据构造人力资本衡量指标，发现高学历员工比例和技术型员工比例与企业绩效具有显著的正相关关系。陈晓红等（2010）发现，人力资本能够作为企业价值的一个重要增长点，但目前我国上市公司还未能充分利用人力资本，而依然依赖物质资本。邓学芬等（2012）以员工受教育年限和流动率衡量人力资本的存量和流量，发现高科技企业的人力资本与绩效呈正相关关系，并且人力资本存量（流量）在低（高）成长性企业中影响更大。程虹等（2016）发现，人力资本在中国企业转型升级过程中发挥了重要作用，人力资本水平与企业绩效呈正相关关系。

（三）企业决策

人力资本能够影响企业决策。Dyreng 等（2010）认为，高管人力资本（教育水平）能够显著影响企业的战略决策、投资决策、创新决策以及多元化决策等。姜付秀等（2009）发现，管理层和董事长的教育背景均与企业的过度投资行为有显著相关关系。管理层或董事长的平均学历水平越高，企业投资效率越高，过度投资行为越少。此外，具有会计、金融等经济管理类教育背景的国有企业管理层或董事长更可能进行过度投资。何瑛和张大伟（2015）发现，管理者教育水平和工作经历能够影响其融资决策。教育水平高、具有财务工作经验的管理层倾向于使用债务融资方式，并且这些人力资本特质能够帮助债务融资提升企业价值。Lee 等（2018）发现，如果两个公司间的人力资本越相似，那么越可能发生并购，并且并购绩效越好。

（四）企业创新

人力资本对企业创新有重要影响。Goldin 和 Katz（2007）、Acemoglu 和 Autor（2012）提到，教育水平高的人力资本有助于创新和技术进步，进而有助于经济增长。Marvel 和 Lumpkin（2007）通过实证检验发现，具有正规教育和技术经验的人力资本能够促进企业创新。王珏和祝继高（2018）发现，高学历员工促进了企业的创新产出，但我国 2008 年《劳动合同法》的实施令该效应有所减弱，说明劳动保护的增强虽然提高了公平性，但损失了一部分效率。刘善仕等（2017）构建了人力资本社会网络并研究发现，人力资本社会网络位置会显著影响企业的创新绩效。网络中心度越高、结构洞越丰富，企业的创新绩效越好。

（五）会计信息质量

人力资本也会影响企业的会计信息质量。Call 等（2017）研究了员工质量与财务报告质量之间的关系。用总部所在的地区中员工的平均受教育水平来衡量员工质量研究发现，拥有高素质员工的公司具有更高的应计会计质量、更少的内部控制违规和更少的财务重述。这些公司还会发布更高质量的管理层预测，具体体现在频率、及时性、准确性、精度和无偏性等方面。杜勇等（2018）发现，我国上市公司 CEO 如果具有海外留学或任职经历，企业盈余管理行为会更少，因为海外经历会为 CEO 打上认知和能力"烙印"。Beck 等（2018）发现，会计师事务所分所所在地区的教育水平越高，客户企业被审计后的会计信息质量越高。

第四节　研究评述

现有文献已对财务报告舞弊的资本市场后果进行了较为深入的研究和探讨，并形成了较为系统性的理论分析框架和研究思路。并且，还有相关的研究对财务报告舞弊的产品市场后果、财务报告舞弊的高管劳动力市场后果以及企业员工雇佣的影响因素和经济后果进行了初步探索。另外，在人力资本理论的研究中，也有许多学者探讨了人力资本对企业生存发展的影响。这些研究为本书奠定了良好的理论基础和研究方法基础。但是，现有研究还存在以下四项不足，有待未来研究的进一步深入。

第一，现有文献没有研究财务报告舞弊是否存在普通员工劳动力市场的经济后果。财务报告舞弊是一种激进的盈余管理行为，有大量的学术论文讨论财务报告舞弊对于企业决策和企业绩效的影响。但是，现有研究仅关注于高管劳动力市场，发现财务报告舞弊对高管聘任和高管薪酬具有负面影响，而几乎没有关注财务报告舞弊对普通员工劳动力市场的影响，这导致我们不能全面地了解财务报告舞弊的经济后果。

第二，"会计与劳动力市场"或"公司财务与劳动力市场"方向的研究目前仍较少，现有研究没有建立起全面的分析框架。现有研究均基于会计的某一个方面（如财务报告动机、财务报告质量等）探讨其对特定劳动力行为的影响（如劳动力成本黏性、劳动力雇佣效率等），或者研究企业员工雇佣在会计方面的经济后果，而并未建立起会计信息与企业员工雇佣双向、综合的分析框架。

第三，人力资本理论的研究已经明确了人力资本对企业的重要性。现有研究发现，人力资本能够影响企业绩效、企业重大决策、企业创新等，还能够影响企业的会计信息质量。但是目前对于人力资本的损害及维护却少有提及。企业人力资本，尤其是非高管人力资本被损害的原因以及企业为维护人力资本所做出的努力、令人力资本在会计信息监管角度发挥积极作用，也是一个重要的研究问题。

第四，现有基于西方国家的研究得出的财务报告舞弊理论和经验证据可能无法很好地回答中国企业财务报告舞弊的问题，特别是中国企业的财务报告舞弊与劳动力市场之间的关系。对于中国财务报告舞弊的研究应该更加关注中国的经济背景和制度环境。特别地，中国特有的公司层面员工数据为我们提炼和发展基于中国情境的财务报告舞弊理论和人力资本理论提供了非常好的机会。

第三章　制度背景

本章介绍了人力资本和企业员工雇佣情况的相关制度背景。首先，本章介绍了我国人力资本建设的制度背景，包括指导思想和具体措施，以显示人力资本投资与建设的重要性，强调人力资本在宏观经济层面的意义和作用。其次，本章从上市公司层面对企业员工雇佣进行了描述性分析，以展示企业员工雇佣的发展变化趋势及行业间差异，为后续第四至七章的理论和实证研究分析作以铺垫。

第一节　我国人力资本建设的指导思想

人力资本对经济增长和社会发展起到了至关重要的作用。特别是在发达国家，早在20世纪90年代，美国的人均社会总财富中就有超过50%的部分来自人力资本，金额可达约25万美元。加拿大、德国、日本等发达国家的人均人力资本也高达15万~45万美元。而我国虽然人口数量多，但高质量的人力资本却远低于发达国家水平，尤其中西部地区更是严重匮乏。因此，为了提高人力资本水平、使劳动力更好地贡献于经济增长，近20年来我国十分重视对人力资本的投资与建设。例如，提出建设学习型社会、解决群众就业问题、实施人才强国战略等指导思想。

首先，建设学习型社会、提高全民素质是全面建设小康社会的一个重要目标。具体来说，要实现"全民族的思想道德素质、科学文化素质和健康素质明显提高，形成比较完善的现代国民教育体系、科技和文化创新体系、全民健身和医疗卫生体系。人民享有接受良好教育的机会，基本普及高中阶段教育，消除文盲。形成全民学习、终身学习的学习型社会，促进人的全面发展"。倡导全民学习、终身学习的理念能够提高人民群众的学习能力和就业能力，进而提高我国人力资本水平，加快人力资本积累，促进建设更合理的人力资本结构和更完善的人力资本体系。

其次，习近平总书记在党的二十大报告中强调指出："促进高质量充分就业。"一方面，在就业问题上，提出"就业是最大的民生。要坚持就业优先战略和积极就业政策，实现更高质量和更充分就业。完善政府、工会、企业共同参与的协商协调机制，构建和谐劳动关系"。另一方面，在收入问题上，提出"坚持在经济增长的同时实现居民收入同步增长、在劳动生产率提高的同时实现劳动报酬同步提高。拓宽居民劳动收入和财产性收入渠道。履行好政府再分配调节职能，加快推进基本公共服务均等化，缩小收入分配差距"。近期，党的"十四五"规划中再次强调，在"十四五"时期，深入贯彻党的二十大精神，锚定2035年基本实现社会主义现代化远景目标，规划"改善人民生活品质，提高社会建设水平"。在就业方面，要"强化就业优先政策。千方百计稳定和扩大就业，实现更加充分更高质量就业"。在收入方面，要"提高人民收入水平。实现居民收入增长和经济增长基本同步"。

最后，人才强国战略是实现全面建成小康社会的奋斗目标、建设创新型国家的一项重大战略。党的二十大报告中强调指出："必须坚持人才是第一资源。"并且明确要求"坚持教育优先发展、科技自立自强、人才引领驱动，加快建设教育强国、科技强国、人才强国，坚持为党育人、为国育才，全面提高人才自主培养质量，着力造就拔尖创新人才，聚天下英才而用之"。"十四五"规划在"坚持创新驱动发展，全面塑造发展新优势"的规划中再次明确人才强国战略，重点提到要"激发人才创新活力。贯彻尊重劳动、尊重知识、尊重人才、尊重创造方针，深化人才发展体制机制改革，全方位培养、引进、用好人才，造就更多国际一流的科技领军人才和创新团队，培养具有国际竞争力的青年科技人才后备军"。

第二节　我国人力资本建设的具体措施

一、社会保障与劳动保护

社会保障体系是现代社会的重要经济制度之一，它能够保障社会成员的基本生活，特别是保障社会成员在生病、年老、受伤、残疾和失业等困难情况下的正常生活和特殊需要。社会保障体系包括保险制度、福利制度、救济制度、优抚制度等。从"十一五"时期开始，我国基本确立起了社会保障体系框架，在城乡养老和医疗保障制度的建设上都取得了突破性的进展。具体建设包括社会保险法的颁布实施、工伤保险条例的修订、企业职工和城镇居民医疗保险制度的完善等。到了"十二五"时期，我国努力推进社会保障体系的普及，扩大覆盖范围，健全多层次体系，并建立可持续的长效机制。党的二十大报告中继续强调指出健全社会保障体系，扩大社会保险覆盖面。

特别地，为了更好地保障劳动者的权利和利益、构建和谐稳定的劳动关系，2008年1月1日起，我国开始施行《中华人民共和国劳动合同法》（以下简称《劳动合同法》）。该项法律明确了劳动合同双方当事人的权利和义务，在劳动合同的订立、履行和变更、解除和终止等方面都做出了详细规定。《劳动合同法》的实施限制了用人单位的用工灵活性，增强了对企业员工的劳动保护力度，例如，保障企业员工的劳动和获得报酬的权利，保障员工的安全与健康、工作与休闲等。

此外，在政府对劳动力市场的监督和管理中，最低工资制度是其中一项重要的手段。从1993年开始实行最低工资制度，到2004年中华人民共和国劳动和社会保障部颁布和全面实施《最低工资规定》，再到2008年《劳动合同法》的施行，我国对最低工资标准执行情况的监管在一步步地加强，逐渐健全和完善对员工依法取得劳动报酬的权益的维护和保障机制。

综上所述，我国社会保障体系的建设和《劳动合同法》《最低工资规定》等劳动保障法制的颁布实施有利于人民群众安居乐业，进而促进人力资本的积累和发展，以及人力资本对经济增长和社会发展的积极影响。

二、教育改革与高校扩招

教育改革一直是国家关注的重点问题。新中国成立以来，随着经济发展和社会进步，我国的教育改革从教育体制、教育方式等方面，到基础教育、高等教育、职业教育等层次都推行过一系列改革举措。其中，为了解决经济问题和就业问题，我国于1999年开始推行高等教育不断扩大招生的教育改革政策，简称高校扩招政策。该政策旨在提高我国大学生比例、普及高等教育，并拉动内需、促进经济增长，同时也缓解了下岗潮带来的就业压力。从高校扩招政策实施以来，我国高等教育总规模逐年扩张，教育发展实现了阶段性飞跃。

表3-1和图3-1列示了我国普通高等学校招生、在校生、毕业生人数的分年度统计和变化趋势（数据来源：国家统计局）。普通高等学校招生（录取）人数从1998年（高校扩招政策前一年）的108万人增长至2019年的915万人，在校生人数从1998年的341万人增长至2019年的3032万人，毕业生人数从1998年的83万人增长至2019年的759万人。可以看出，高校扩招政策实施至今的20年以来，我国高等教育普及率显著上升。教育部数据显示，2019年，我国高等教育毛入学率已达51.6%，因此我国从高等教育大众化阶段进入了高等教育普及化阶段。①

表3-1 普通高等学校招生、在校生、毕业生人数分年度统计 单位：万人

年份	普通高等学校招生数	普通高等学校在校学生数	普通高等学校毕业生数
1995	93	291	81
1996	97	302	84
1997	100	317	83
1998	108	341	83
1999	155	409	85
2000	221	556	95
2001	268	719	104

---

① 国际上普遍认为，当高等教育毛入学率在15%以下时，为高等教育精英化阶段；当毛入学率在15%~50%时，为高等教育大众化阶段；当毛入学率达50%以上时，为高等教育普及化阶段。

续表

年份	普通高等学校招生数	普通高等学校在校学生数	普通高等学校毕业生数
2002	321	903	134
2003	382	1109	188
2004	447	1334	239
2005	504	1562	307
2006	546	1739	377
2007	566	1885	448
2008	608	2021	512
2009	639	2145	531
2010	662	2232	575
2011	682	2309	608
2012	689	2391	625
2013	700	2468	639
2014	721	2548	659
2015	738	2625	681
2016	749	2696	704
2017	762	2754	736
2018	791	2831	753
2019	915	3032	759

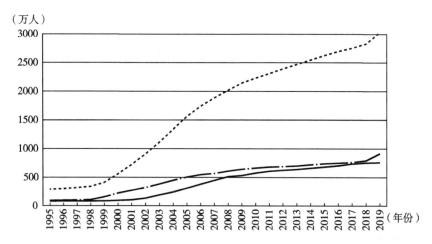

图3-1　普通高等学校招生、在校生、毕业人数变化趋势

由于高等教育的普及，我国就业市场中的高学历、高技能劳动力也显著增加。劳动力，尤其是年轻劳动力的整体素质明显提高。我国的教育改革，尤其是高校扩招政策正迎合了国家的学习型社会建设以及人才强国建设等指导方针，推动了人力资本投资和整体水平的提升，为建设高质量人力资本做出了贡献。

三、各地人才引进政策

群众就业一直是我国重点关注的民生问题。特别地，在高校扩招等教育改革政策实施后，我国近年来实现了高等教育普及化，高等教育毕业生人数增长迅猛，为实施人才强国战略打下了良好基础。2011 年以来，我国每年有 600 万 ~ 750 万名高校毕业生涌入就业市场。在深入学习贯彻党中央精神、响应党中央号召下，各省市均推出一系列就业创业促进行动，以解决毕业生的就业问题。特别是在国内的重点二线城市，为了抢夺和留住优秀人才、充分发挥人才在经济社会发展中的作用，各地均开始制定和实施一系列人才引进政策，以吸引高学历和高技术人才安家落户。

表 3-2 对我国 14 个重点城市在 2020 年发布的人才引进政策（包括落户政策和住房与生活补贴）进行了简述。在各地的人力资源和社会保障局以及政府办公厅官网上，可以查询到更为详尽的内容。从表 3-2 中可以看出，各地对高层次人才都十分重视，对其落户问题、住房问题和生活问题都推出了一些优惠措施，比如持有大学毕业证可"零门槛"落户、每月或每年发放现金生活补贴、提供人才优惠住房等。

表 3-2 2020 年我国重点城市人才引进政策

城市	落户政策	住房与生活补贴
深圳市	年龄在 35 周岁以下的大专学历、45 周岁以下的本科学历、50 周岁以下的高级专业技术人才，有深圳社保的可落户。实施在职人才引进和落户深圳"秒批"	对新引进人才一次性发放本科 1.5 万元，硕士 2.5 元，博士 3 万元的租房和生活补贴。提供 30 万套人才住房，硕士研究生及以上学历的人才可优先承租或购买
广州市	年龄 40 周岁以下的本科学历、45 周岁以下的硕士学历、50 周岁以下的博士学历人才可落户	对新引进入户的人才，工作满 1 年的，发放住房补贴本科 2 万元、硕士 3 万元、博士或副高级及以上专业技术职称人员 5 万元

续表

城市	落户政策	住房与生活补贴
杭州市	年龄35周岁以下的专科（含高职）学历、45周岁以下的本科学历人才，在杭工作并由用人单位正常缴纳社保的，可落户	对在杭工作的人才，一次性发放本科1万元、硕士3万元、博士5万元的生活补助，以及发放每年1万元的租房补贴，最多可享受6年。建设5万套人才专项租赁住房
成都市	年龄45周岁以下的本科及以上学历人才可凭毕业证落户	对A、B、C类条件之一的人才发放每月3000元的安家补贴，对D类条件之一的人才发放每月2000元的安家补贴，持续补贴三年。对急需紧缺的优秀人才提供人才公寓租赁住房保障
武汉市	年龄在40周岁以下的本科和大专学历、不受年龄限制的硕士和博士学历人才凭毕业证可以落户	对新引进的博士生，每月补贴2000元，持续补贴3年。对到新城区工作的本科生，每年补贴1万元，持续补贴2年。建设筹集人才公寓，5年内满足20万人租住需求，大学生租金便宜一半，并能以低于市场价20%买到安居房
合肥市	年龄在40周岁以下的本科学历及以上人才可以落户	对新来合肥市重点产业企业工作的人才，发放本科每年1.5万元、硕士每年2万元、博士每年3.6万元的住房租赁补贴，持续补贴3年。另外，可按一定标准免费租住国有租赁公司房源3年
天津市	年龄在35周岁以下的本科学历、45周岁以下的研究生学历、50周岁以下的高级技术职称以上学历人才可直接落户	对新引进的人才发放本科每年1.2万元、硕士每年2.4万元、博士每年3.6万元的住房和生活补贴，持续补贴3年
石家庄市	大专及以上学历人才实现"零门槛"落户。承诺即报即批，当日则可办结	对新引进的人才发放本科每月1000元、硕士每月1500元、博士每月2000元的租房补贴，持续补贴5年。首次购房不限购，且高学历人才可一次性领取本科5万元、硕士10万元、博士15万元的购房补贴
郑州市	中专以上学历毕业生实现"零门槛"落户。高校毕业生凭毕业证来郑即可申请办理落户手续	对新引进落户的人才发放本科每月500元、硕士每月1000元、博士每月1500元的生活补贴，持续补贴3年。一次性发放本科2万元、硕士5万元、博士10万元的购房补贴
沈阳市	年龄在35周岁以下的中专以上学历、45周岁以下的本科学历、55周岁以下的研究生及以上学历可落户	对首次来沈就业创业的人才发放硕士每月400元、博士每月800元的租房补贴，持续补贴三年。在沈首次购买商品住房，一次性发放硕士3万元、博士6万元的购房补贴
长沙市	本科及以上学历的毕业生实现"零门槛"落户	对新落户并在长沙工作的人才发放本科每年0.6万元、硕士每年1万元、博士每年1.5万元的租房和生活补贴，持续补贴两年。对新进长沙市企业博士后工作站的博士后科研人员，一次性发放10万元的生活补贴。对首次购房一次性发放硕士3万元、博士6万元的购房补贴
青岛市	年龄在40周岁以下的大专学历、45周岁以下的本科学历、50周岁以下的硕士或博士学历人才可落户	对新引进人才发放本科每月500元、硕士每月最高1200元、博士每月最高1500元的住房补贴。对购买首套商品住房一次性发放硕士10万元、博士15万元的安家费

城市	落户政策	住房与生活补贴
南京市	年龄在 40 周岁以下的本科学历、研究生以上学历的人才可凭毕业证书落户	对新引进人才发放本科每月 600 元、硕士每月 800 元、博士每月 2000 元的住房补贴，最长补贴 5 年。对高层次人才提取公积金购买自住住房的贷款额度最高可放宽到 4 倍。对安居人才购房最高补贴 200 万元
西安市	年龄在 45 周岁以下的本科以下、全国高校中校生以及本科及以上学历人才可直接落户	对新引进人才发放 A 类人才最高 100 万元、B 类人才最高 70 万元、C 类人才最高 40 万元的安居购房补贴。对西安市属单位公开招聘博士发放 5 年 15 万元的安家补贴

人才引进政策的推出是我国人力资本建设的重要环节。各地区对高层次人才开展的优惠措施有助于当地的人力资本积累，激发人力资本的创新创造活力，发挥人力资本在社会建设中的作用。

第三节 中国上市公司员工雇佣情况描述性分析

近 20 年来，随着我国资本市场的发展壮大，上市公司数量不断增长，公司规模不断扩张，对人力资本的需求也不断增长。本节拟对我国上市公司的员工雇佣情况（员工雇佣规模、员工学历构成和员工薪酬）在年度和行业层面进行描述性统计分析，以显示各企业差异化的员工雇佣情况和人力资本水平。

一、中国上市公司员工雇佣规模描述性分析

表 3-3 和图 3-2 列示了我国上市公司 2000~2019 年员工雇佣规模的分年度统计和变化趋势。可以看出，随着时间的推移，上市公司的平均员工雇佣规模不断增加；在近 20 年间，员工人数均值从 2000 年的约 2800 人增长到 2019 年的6300 余人，增长了约 1.25 倍。员工人数的中位数在这期间也从 1700 余人增长到1900 余人。尤其是在 2005~2007 年，员工平均人数实现了飞跃增长。员工雇佣规模的显著增长凸显出了人力资本在企业中的重要性。

表 3-3 上市公司员工雇佣规模分年度统计　　　　　单位：人

年份	员工人数均值	员工人数中位数
2000	2747	1732
2001	3119	1620
2002	3188	1578
2003	3281	1609
2004	3328	1613
2005	3475	1665
2006	4129	1699
2007	5313	1687
2008	5672	1695
2009	5912	1661
2010	5903	1608
2011	6042	1622
2012	6246	1754
2013	6464	1815
2014	6498	1861
2015	6459	1927
2016	6380	1910
2017	6160	1886
2018	6474	1974
2019	6346	1904

资料来源：笔者依据 CSMAR 数据库中披露的员工人数数据整理所得。

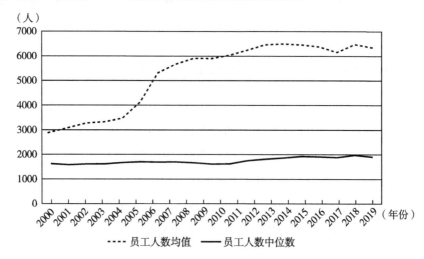

图 3-2　2000~2019 年上市公司员工雇佣变化趋势

资料来源：笔者依据 CSMAR 数据库中披露的员工人数数据整理所得。

此外，表 3-4 列示了 2000～2019 年员工雇佣规模的分行业统计结果。可以看出，样本平均员工人数为 5600 余人，但在不同行业间员工雇佣规模的差异很大。其中，金融业和采矿业企业员工雇佣规模最大，平均拥有 20000 个以上的员工；建筑业次之，企业中平均有约 15000 个员工。居民服务、修理和其他服务业企业的雇佣规模最小，平均员工人数仅有 800 余人；教育行业、科学研究和技术服务业、综合行业以及水利、环境和公共设施管理业等员工雇佣规模则相对较小，平均员工人数在 2500 人以下。在同行业内部，员工人数的标准差较大，说明同行企业间的雇佣规模也有不同。综上可知，我国上市公司员工雇佣规模具有时间和行业上的巨大差异。随着时间推移，雇佣规模整体呈增长趋势；行业间与同行业内的雇佣规模则大不相同。

表 3-4　上市公司员工雇佣规模分行业统计

行业	样本量	均值（人）	25%分位数	中位数	75%分位数	标准差
农、林、牧、渔业	606	4570	604	1365	3220	10596
采矿业	1169	23247	952	4290	16430	72748
制造业	24630	4448	960	1975	4326	9702
电力、热力、燃气及水生产和供应业	1769	3319	798	1818	3616	5379
建筑业	1092	15230	652	1791	4861	49125
批发和零售业	2655	4289	715	1644	4092	7899
交通运输、仓储和邮政业	1524	7191	892	2420	5255	16111
住宿和餐饮业	181	4226	842	2689	4936	6684
信息传输、软件和信息技术服务业	2688	3365	585	1182	2484	15803
金融业	1228	27778	1124	2726	9838	80569
房地产业	2352	2468	223	735	2018	6593
租赁和商务服务业	648	2308	452	1182	2794	3226
科学研究和技术服务业	385	1747	476	1082	2327	2142
水利、环境和公共设施管理业	590	2154	421	933	2022	7317
居民服务、修理和其他服务业	3	848	601	947	995	215
教育	99	2449	325	565	2868	5170
卫生和社会工作	158	3479	583	1520	3475	6014

行业	样本量	均值（人）	25%分位数	中位数	75%分位数	标准差
文化、体育和娱乐业	633	2591	430	1292	3155	3587
综合	415	2107	535	1357	3140	2209
全部	42909	5623	791	1778	4092	22545

资料来源：笔者依据 CSMAR 数据库中披露的员工人数数据整理所得。

二、中国上市公司员工学历结构描述性分析

本节对我国 2011~2019 年上市公司的员工学历构成进行了统计，表 3-5 报告了统计结果。[①] 由此可知，上市公司员工拥有本科、研究生及以上学历的人员仅占 25.4%，其中研究生及以上学历占 3.4%，本科学历占 22%。其他人员则有专科、高中及以下或其他学历，其中专科学历占 20.5%，高中及以下等其他学历占 44.5%。因此，企业中高学历（本科、研究生及以上学历）员工仅占总人数的 1/4，剩余员工的学历水平相对较低。

表 3-5　上市公司员工学历构成统计

变量	样本量	均值	25%分位数	中位数	75%分位数	标准差
研究生及以上	27723	0.034	0.000	0.011	0.039	0.059
本科	27723	0.220	0.081	0.173	0.322	0.189
专科	27723	0.202	0.112	0.205	0.285	0.142
高中及以下	27723	0.205	0.000	0.020	0.394	0.262
其他	27723	0.240	0.000	0.030	0.493	0.299

资料来源：笔者依据 Wind 数据库中披露的员工学历数据整理所得。

从表 3-6 和图 3-3 的分年度统计结果和变化趋势图来看，近 9 年来，上市公司中高学历员工占比总体呈逐年增加趋势，其均值（中位数）从 2011 年的 18.3%（11.9%）增长到 2019 年的 30.7%（24.2%），并且其均值和中位数的增

---

① 由于员工学历数据在 Wind 数据库中从 2011 年开始才有记录，因此本章对员工学历的统计样本开始于 2011 年。第五至七章的实证分析样本同理。

长率均超过50%。综上可知，虽然高学历员工在企业中的占比不算高，但是在逐年上升，其在企业中的地位和作用也愈加凸显。高学历员工是企业中的一笔珍贵的人力资本财富。他们能给企业带来技术、经验和更高的生产率，提高企业的竞争力。

表3-6　上市公司员工学历占比分年度统计

年份	高学历员工占比均值	高学历员工占比中位数
2011	0.183	0.119
2012	0.206	0.142
2013	0.224	0.162
2014	0.235	0.175
2015	0.252	0.192
2016	0.273	0.208
2017	0.279	0.213
2018	0.276	0.211
2019	0.307	0.242

资料来源：笔者依据 Wind 数据库中披露的员工学历数据整理所得。

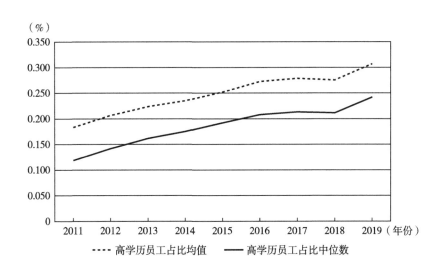

图3-3　2011~2019年上市公司高学历员工占比变化趋势

资料来源：笔者依据 Wind 数据库中披露的员工学历数据整理所得。

此外，表3-7是我国2011～2019年上市公司高学历（本科、研究生及以上学历）员工占比的分行业统计结果。由表3-7可以看出，高学历员工占企业总员工人数的比例样本平均值为25.4%，而在不同行业中具有明显差异。首先是金融业企业员工中的高学历员工最多，平均占比达62.2%；其次是信息传输、软件和信息技术服务业与科学研究和技术服务业，平均占比分别达53.5%与51.5%。而在住宿和餐饮业中，仅有6.9%的员工具有本科及以上学历。农林牧渔业、采矿业、制造业企业中的高学历员工也较少，平均占比不到20%。因此，上市公司员工学历结构在行业间存在差异，并且高学历员工占比在各行业内部的标准差也较大。

表3-7　上市公司高学历员工占比分行业统计

行业	样本量	均值	25%分位数	中位数	75%分位数	标准差
农、林、牧、渔业	357	0.166	0.048	0.109	0.268	0.155
采矿业	647	0.178	0.070	0.133	0.237	0.161
制造业	16732	0.194	0.076	0.154	0.270	0.168
电力、热力、燃气及水生产和供应业	941	0.290	0.153	0.267	0.416	0.192
建筑业	719	0.353	0.221	0.367	0.478	0.204
批发和零售业	1451	0.208	0.066	0.169	0.305	0.190
交通运输、仓储和邮政业	883	0.213	0.084	0.188	0.307	0.172
住宿和餐饮业	105	0.069	0.000	0.062	0.103	0.073
信息传输、软件和信息技术服务业	2031	0.535	0.363	0.603	0.735	0.263
金融业	747	0.622	0.483	0.739	0.837	0.292
房地产业	1205	0.317	0.100	0.286	0.496	0.248
租赁和商务服务业	421	0.308	0.112	0.272	0.439	0.251
科学研究和技术服务业	300	0.515	0.313	0.553	0.754	0.272
水利、环境和公共设施管理业	386	0.283	0.127	0.270	0.432	0.192
居民服务、修理和其他服务业	3	0.224	0.195	0.217	0.260	0.033
教育	66	0.416	0.193	0.353	0.621	0.260
卫生和社会工作	101	0.316	0.120	0.322	0.418	0.255
文化、体育和娱乐业	409	0.398	0.238	0.344	0.593	0.238
综合	190	0.254	0.076	0.159	0.331	0.252
全部	27723	0.254	0.086	0.189	0.367	0.226

资料来源：笔者依据 Wind 数据库中披露的员工学历数据整理所得。

三、中国上市公司员工薪酬描述性分析

上市公司员工雇佣规模的扩张也带来了员工薪酬支出的日益加大。表3-8和图3-4列示了我国上市公司2000～2019年员工平均薪酬的分年度统计和变化趋势。可以看出，员工平均薪酬的均值和中位数随着时间的推移都在不断增加。员工平均薪酬的均值从2000年的3.475万元增长到2019年的16.074万元，增长了3.6倍；中位数从2000年的1.853万元增长到2019年的13.149万元，增长了6倍。这说明，员工的福利待遇在逐年提高，企业的员工薪酬支出压力也在不断增加。表外数据显示，2019年，企业员工薪酬占总营业成本的均值达16.7%。因此，员工薪酬是企业中一笔不小的开支。

表3-8　上市公司员工平均薪酬分年度统计　　　　　单位：万元

年份	员工薪酬均值	员工薪酬中位数
2000	3.475	1.853
2001	4.006	2.179
2002	4.769	2.584
2003	5.681	2.922
2004	6.268	3.286
2005	6.588	3.557
2006	7.016	3.898
2007	8.595	4.745
2008	8.682	5.316
2009	9.360	5.586
2010	9.612	6.329
2011	9.830	6.830
2012	9.471	7.235
2013	10.217	7.959
2014	11.030	8.739
2015	11.855	9.284
2016	12.534	10.138
2017	13.610	10.994

续表

年份	员工薪酬均值	员工薪酬中位数
2018	14.815	12.077
2019	16.074	13.149

资料来源：笔者依据 CSMAR 数据库中披露的员工薪酬数据整理所得。

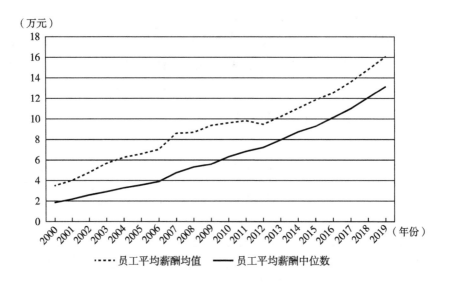

图 3-4　2000~2019 年上市公司员工平均薪酬变化趋势

资料来源：笔者依据 CSMAR 数据库中披露的员工薪酬数据整理所得。

此外，表 3-9 列示了 2000~2019 年上市公司员工平均薪酬的分行业统计结果。可以看出，全样本的员工薪酬水平均值为 10.515 万元，但在不同行业间员工薪酬水平差异比较大。首先是金融业企业员工平均薪酬的均值最高，可达24.784 万元。其次是房地产业、建筑业以及居民服务、修理和其他服务业，其员工薪酬的平均水平为 14 万元。住宿和餐饮业、农林牧渔业的员工薪酬水平最低，平均只有 6 万余元。采矿业、制造业、水利、环境和公共设施管理业、教育以及综合行业的员工薪酬水平都较低，员工平均薪酬的均值在 8 万~10 万元。在同一行业内部，员工薪酬的标准差也很大，说明同行企业的薪酬水平差异也较大。综上可知，我国上市公司员工薪酬具有时间和行业上的巨大差异。随着时间推移，员工薪酬整体呈增长趋势；行业间与同行业内的薪酬水平则大不相同。

表 3-9 上市公司员工平均薪酬分行业统计

行业	样本量	均值（万元）	25%分位数	中位数	75%分位数	标准差
农、林、牧、渔业	571	6.975	2.877	5.781	9.788	5.393
采矿业	1113	10.085	4.382	8.380	12.631	9.521
制造业	22588	8.724	4.551	7.502	10.771	7.227
电力、热力、燃气及水生产和供应业	1711	12.314	4.588	9.374	15.616	11.914
建筑业	1013	14.380	6.135	10.403	16.660	14.226
批发和零售业	2562	11.071	4.184	7.783	13.146	11.718
交通运输、仓储和邮政业	1447	12.414	5.895	10.285	15.455	10.429
住宿和餐饮业	177	6.240	3.747	5.166	8.069	3.896
信息传输、软件和信息技术服务业	2413	12.847	7.075	11.084	16.173	9.270
金融业	1145	24.784	7.099	22.180	37.480	19.101
房地产业	2312	14.386	4.737	10.618	19.647	13.541
租赁和商务服务业	606	12.469	4.949	8.922	14.201	13.200
科学研究和技术服务业	332	13.588	8.327	12.273	17.390	8.768
水利、环境和公共设施管理业	545	9.176	3.835	7.537	11.490	8.378
居民服务、修理和其他服务业	2	14.102	9.909	14.102	18.294	5.929
教育	94	9.347	4.794	8.216	12.534	6.103
卫生和社会工作	149	13.975	4.381	7.517	13.310	17.191
文化、体育和娱乐业	587	12.164	4.721	10.212	16.145	11.170
综合	409	8.278	2.850	5.738	9.837	10.230
全部	39859	10.515	4.683	8.132	12.572	10.071

资料来源：笔者依据 CSMAR 数据库中披露的员工薪酬数据整理所得。

上述描述性统计结果说明，我国上市公司之间存在差异化的员工雇佣情况和人力资本水平，具体体现在员工人数、学历结构以及员工薪酬方面。总体来说，员工雇佣人数、高学历员工占比以及员工薪酬水平在逐年增长，并且增长速度较快。此外，在不同行业间以及同行业企业间，员工人数、高学历员工占比以及员工薪酬的统计结果差异较大。

第四章　基于局部均衡模型的理论分析

第一节　概述

本章在进行大样本实证检验之前，通过局部均衡分析，从理论上讨论财务报告舞弊与企业人力资本之间的关系。企业人力资本作为生产函数中重要的劳动力投入一项，对于分析企业如何选择投入产出组合从而实现利润最大化具有决定性作用。而财务报告舞弊对企业既会带来收益又会带来成本，一方面，舞弊的收益通常为虚增企业收入或利润；另一方面，舞弊的成本从人力资本角度考虑可能在于企业员工流失，由此带来劳动力投入增加。

具体来说，本章参考 David 等（2016）和 Choi（2021），在完全竞争市场的假定下构建了基于财务报告舞弊的局部均衡模型。并且以员工教育水平代表企业人力资本水平，将员工划分为高学历和低学历员工两类。本章认为，高学历员工具有生产率更高、薪酬水平更高、流动性更高等特点。通过求解企业利润最大化问题，本章得出均衡状态时企业舞弊水平的隐函数表达式。

由此，本章得到了财务报告舞弊与企业人力资本的两个推论：①财务报告舞弊会造成企业人力资本损害；②当企业人力资本水平较高时，企业会减少其舞弊行为，从而令人力资本具有舞弊防范作用。本章为第五至七章的实证分析奠定了理论基础，辅助第五至七章中理论推导与研究假设的展开，以及所得研究结果的解释。

第二节 局部均衡分析

一、技术

假定企业 i 在 t 期的生产函数形式为柯布—道格拉斯生产函数：

$$Y_{it} = A_{it} K_{it}^{\alpha_1} L_{it}^{\alpha_2} \tag{4-1}$$

其中，Y 表示产出，A 表示生产率（技术水平），K 表示资本投入，L 表示劳动力投入，α_1 表示资本产出的弹性系数，α_2 表示劳动力产出的弹性系数。当 $\alpha_1 + \alpha_2 > 1$ 时，该企业存在规模报酬递增；当 $\alpha_1 + \alpha_2 < 1$ 时，该企业存在规模报酬递减；当 $\alpha_1 + \alpha_2 = 1$ 时，该企业存在规模报酬不变。为简化起见，本章假定 $\alpha_1 + \alpha_2 = 1$。

本章假定，产品市场是完全竞争市场，主要体现在以下两个方面：①市场上有许多企业，并且每个企业生产的产品是同质的；②存在大量的生产者和购买者，因此任何单一生产者（消费者）无法影响市场价格和产（销）量。

二、企业人力资本

本书关注企业的人力资本。参考 Schultz（1961）、Mankiw 等（1992）、Barro 和 Lee（1993）等，本章以员工教育水平（即学历）代表员工的质量与素质，进而作为企业人力资本水平的衡量方法。本章假定，企业中存在两类员工——高学历员工和低学历员工。这两类员工的数量分别为 $L^{highedu}$ 和 L^{lowedu}，则有

$$L = L^{highedu} + L^{lowedu} \tag{4-2}$$

为方便起见，本章假定企业中高学历员工占比为 β，则低学历员工占比为 $1-\beta$，其中 $0 < \beta < 1$。即

$$L^{highedu} = \beta L \tag{4-3}$$

$$L^{lowedu} = (1-\beta) L \tag{4-4}$$

进一步地，本章假定：

（1）两类员工的生产率不同，高学历员工的生产率高于低学历员工的生产

率。所以，企业人力资本水平会影响生产率，当企业人力资本水平越高（高学历员工占比越多）时，生产率越高。即

$$A = g(\beta) \tag{4-5}$$

$$\frac{\partial A}{\partial \beta} > 0 \tag{4-6}$$

其中，A 表示企业的生产率，g 表示人力资本对生产率的影响。

（2）两类员工的平均薪酬不同，高学历员工的平均薪酬高于低学历员工的平均薪酬。

（3）高学历员工的投入产出比高于低学历员工的投入产出比，当企业承担同等水平的总劳动力成本时，所需雇佣的高学历员工数量更少、获得的生产率更高。

（4）高学历员工的流动率高于低学历员工。高学历员工在劳动力市场中的竞争性更强、换工作更容易，因此其流动率更高。所以，企业不可能全部雇佣高学历员工，企业中总是存在高学历和低学历两类员工。

三、企业利润最大化问题

本节分析企业 i 在 t 期的利润最大化问题，即企业 i 如何选择投入（资本投入和劳动力投入）和产出组合能够实现利润的最大化。这一问题可以写为

$$\max_{K_{it}, L_{it}} E_{it-1}\left[\Pi_{it}\right] = \max_{K_{it}, L_{it}} E_{it-1}\left[P_{it}Y_{it} - W_{it}L_{it} - R_{it}K_{it}\right] \tag{4-7}$$

其中，Π 表示企业利润，P 表示企业生产的产品的平均销售价格，W 表示企业的平均劳动力成本，R 表示企业的平均资本成本。式（4-7）即企业 i 在 $t-1$ 期对 t 期所能实现利润的期望来求解最大化的一个表示。

四、财务报告舞弊的局部均衡分析

本章假设，财务报告舞弊会对企业带来一定的收益和成本。

一方面，舞弊为企业带来了一定收益。假设该收益是舞弊的增函数，即

$$B = h(F) \tag{4-8}$$

$$\frac{\partial B}{\partial F} > 0 \tag{4-9}$$

其中，B 表示舞弊为企业带来的收益，h 表示舞弊对企业收益的影响，F 表示企业舞弊水平。

另一方面，舞弊为企业带来了一定成本，该成本与企业人力资本有关。具体来说，本章假设舞弊带来了人力资本损失，发生了员工流失。并且，由于高学历员工在劳动力市场中的竞争性更强、流动率更高，企业中高学历员工的损失要高于低学历员工的损失。由于高学历员工的投入产出比高于低学历员工的投入产出比，因此企业需要雇佣更多的低学历员工以替代高学历员工，企业总劳动力投入会有所上升，即

$$\frac{\partial L}{\partial F} > 0 \tag{4-10}$$

此外，本章假定舞弊不会影响产品价格、平均劳动力成本、资本投入和平均资本成本。

当考虑企业财务报告舞弊后，对于企业利润最大化问题可以重新表述为

$$\max_{K_{it}, L_{it}} E_{it-1} \left[\Pi_{it} + B_{it} \right]$$

$$= \max_{K_{it}, L_{it}} E_{it-1} \left[\left(P_{it} Y_{it} - W_{it} L_{it} - R_{it} K_{it} \right) + B_{it} \right]$$

$$= \max_{K_{it}, L_{it}} E_{it-1} \left[P_{it} A(\beta) K^{\alpha_1} L^{\alpha_2} (F_{it}) - W_{it} L(F_{it}) - R_{it} K_{it} + B(F_{it}) \right] \tag{4-11}$$

其中，Π 表示企业利润，P 表示企业生产的产品的平均销售价格，Y 表示产出，A 表示生产率，β 表示人力资本水平（高学历员工占比），K 表示资本投入，L 表示劳动力投入，W 表示企业的平均劳动力成本，R 表示企业的平均资本成本，F 表示企业的舞弊水平，B 表示舞弊收益。为简化起见，本章假定利润 Π_{it} 与舞弊收益 B_{it} 的条件分布已知，因此求解（4-11）式的条件期望可以直接表述为

$$\max_{K_{it}, L_{it}} \left[\Pi_{it} + B_{it} \right]$$

$$= \max_{K_{it}, L_{it}} \left[\left(P_{it} Y_{it} - W_{it} L_{it} - R_{it} K_{it} \right) + B_{it} \right]$$

$$= \max_{K_{it}, L_{it}} \left[P_{it} A(\beta) K^{\alpha_1} L^{\alpha_2} (F_{it}) - W_{it} L(F_{it}) - R_{it} K_{it} + B(F_{it}) \right] \tag{4-12}$$

利润最大化的一阶条件为

$$\frac{\partial(\Pi+B)}{\partial F} = PK^{\alpha_1} L^{\alpha_2} \frac{\partial A}{\partial \beta} \frac{\partial \beta}{\partial F} + PK^{\alpha_1} A\alpha_2 L^{\alpha_2-1} \frac{\partial L}{\partial F} - W \frac{\partial L}{\partial F} + \frac{\partial B}{\partial F} = 0 \tag{4-13}$$

$$\frac{\partial(\varPi+B)}{\partial K}=\alpha_1 PA\left(\frac{L}{K}\right)^{\alpha_2}-R=0 \tag{4-14}$$

$$\frac{\partial(\varPi+B)}{\partial L}=\alpha_2 PA\left(\frac{K}{L}\right)^{\alpha_1}-W=0 \tag{4-15}$$

由式（4-13）和式（4-15）可得，

$$\frac{\partial\beta}{\partial F}=\frac{\left(W-PA\left(\frac{K}{L}\right)^{\alpha_1}\alpha_2\right)\frac{\partial L}{\partial F}-\frac{\partial B}{\partial F}}{PK^{\alpha_1}L^{\alpha_2}\frac{\partial A}{\partial\beta}}=\frac{-\frac{\partial B}{\partial F}}{PK^{\alpha_1}L^{\alpha_2}\frac{\partial A}{\partial\beta}}<0 \tag{4-16}$$

因此，本章得到推论1：

财务报告舞弊会造成企业人力资本损害。

由式（4-16），进一步可得

$$\frac{\partial F}{\partial\beta}=\frac{1}{\dfrac{\partial\beta}{\partial F}}<0 \tag{4-17}$$

因此，本章得到推论2：

当企业人力资本水平较高（高学历员工占比较高）时，企业会减少其舞弊行为。

第三节　结论

本章基于局部均衡模型，将企业财务报告舞弊及人力资本水平纳入利润最大化问题的均衡求解。通过求解，本章得到以下两个推论：①财务报告舞弊会造成企业人力资本损害，企业中的高学历员工占比下降；②企业具有较高的人力资本水平（高学历员工占比）能够抑制舞弊行为，防范舞弊的发生。上述理论分析帮助本书理顺了财务报告舞弊与企业人力资本水平之间的关系，但是对于其影响程度和经济或者统计显著性，还需进行后续的实证分析予以解答。

第五章 财务报告舞弊曝光与人力资本损害

第一节 概述

人力资本是企业价值创造的重要生产要素（Becker，1964；叶康涛等，2013；Ben-Nasr 和 Alshwer，2016）。除了管理层外，普通员工的才能与努力同样能够直接影响企业价值最大化目标的实现程度。因此，员工是企业运营与发展中不可或缺的一部分，人力资本的发展与保持是企业活力的源泉。本章作为实证分析的第一部分，首先从员工离职和员工薪酬方面对企业人力资本进行研究。员工离职会令企业的人力成本显著增加、组织效率显著下降，并且给经营绩效带来负面影响，影响企业的持续发展（王海兵等，2011；钱爱民等，2014）。而员工薪酬支出是企业一项重要的开支，是企业的重大现金流出和企业产品成本的主要组成部分。因此，研究企业人力资本问题，特别是员工离职与薪酬问题，具有重要意义和价值。

现有研究发现，财务报告舞弊曝光对企业高管的雇佣和薪酬问题带来了显著的负面影响，例如，在财务报告舞弊事发后，会出现高管离职率增加（Desai 等，2006；Karpoff 等，2008；Sun 和 Zhang，2006；刘明辉和韩小芳，2011；醋卫华，2011；张健等，2015）、外部董事的更换率增加（Srinivasan，2005；Arthaud-Day 等，2006；Fich 和 Shivdasani，2007）以及涉事高管的薪酬下降（Collins 等，2008；Cheng 和 Farber，2008；Burks，2011；王海燕和陈华，2011；Conyon 和

He，2016），以此作为高管失职的惩罚。而对于企业普通员工雇佣和薪酬的影响，还尚不明确。

本章提出假设：财务报告舞弊曝光会损害企业的人力资本，具体表现为员工离职率的增加和员工薪酬的下降。一方面，舞弊被揭发会令企业声誉受损，使舞弊企业的劳动力供给减少；另一方面，舞弊曝光后企业的融资难度增大，导致企业对劳动力的需求下降。因此，员工离职率会增加。而高学历员工离职率对于舞弊的敏感性会更高，因为高学历员工具有更强的就业能力和信息优势，同时也是企业薪酬支出的重点对象，因此其主动离职或被解雇的概率都更大。此外，由于员工离职率增加，特别是具有高薪的高学历员工的离开，员工薪酬水平会有所下降。

利用我国 2011~2019 年 A 股上市公司数据，本章研究发现，财务报告舞弊曝光对企业人力资本造成了损害。一方面，财务报告舞弊曝光增加了全体员工，特别是高学历员工离职的概率，使企业中高学历员工占总员工的比例有所下降；另一方面，财务报告舞弊曝光还降低了员工的薪酬水平。通过横截面分析发现，财务报告舞弊曝光对高学历员工占比减少以及员工薪酬下降的影响仅在行业集中度低的时候显著，此时高学历员工更容易在同行业中找到新的工作。另外，本章进行经济后果检验发现，财务报告舞弊曝光使企业中高学历员工流失，进而降低了企业生产率。并且，财务报告舞弊曝光通过降低员工薪酬水平，降低了企业的创新产出。最后，本章额外控制了高管变更的影响，并使用连续变量替换虚拟变量、使用线性概率模型替换 Probit 模型，还进行了平行趋势检验，验证了主回归结果的稳健性。

与现有研究相比，本章的研究贡献有以下三个：

（1）丰富了对财务报告舞弊的经济后果的研究，特别是在劳动力市场的经济后果。本章研究发现，企业人力资本的损害，即高学历员工离职率增加和员工薪酬水平降低，是财务报告舞弊在劳动力市场的一大经济后果。本章拓展了财务报告舞弊领域的研究维度，为该研究领域增添了新的实证证据，丰富了对财务报告舞弊的经济后果认识，有助于我们更全面地认识和了解财务报告舞弊。

（2）扩展了对劳动力市场中普通员工的研究，补充了普通员工劳动力市场领域的文献，尤其是员工离职与员工薪酬方向的研究。本章以员工离职率和员工薪酬水平作为企业人力资本水平的代理变量，实证检验发现财务报告舞弊是影响（高学历）员工离职和员工平均薪酬水平的一个重要因素。因此，本章从财务报告舞弊角度，增加了"会计与劳动力市场"方向的研究，帮助我们更好地理解企业中员工离职和员工薪酬的影响因素。

（3）深化了对人力资本理论的认识和理解。本章发现，在企业财务报告舞弊事发后，高学历员工与普通员工的反应程度不一致。高学历员工离职率的变化在经济显著性和统计显著性上均大于全体普通员工离职率的变化。因此，本章增加了对不同层次人力资本的研究，并提供了实证证据表明不同层次的人力资本对财务报告舞弊的敏感性存在差异，侧面反映了教育对员工就业能力和风险规避能力的作用。

第二节　理论推导与研究假设

人力资本能够推动经济增长和经济发展，并对企业的经营发展产生重要影响（Becker，1964；Call 等，2017）。现代企业对人力资本，尤其是对高层次人才具有很强的依赖性。在一些新成立的企业中，人力资本在价值创造和竞争优势方面的重要性甚至超过了物质资本（Rajan 和 Zingales，2000；Abowd 等，2005）。本章以员工离职和员工薪酬来衡量企业人力资本。

第一，员工离职率能够衡量企业内部人力资源的流动状况。通过考察员工离职率，可以了解企业对员工的吸引力情况。随着社会主义市场经济在我国的不断发展，近年来劳动力市场的自由流动性大大增强，即员工离职率在不断提高（步丹璐和白晓丹，2013）。人才能够决定企业的核心竞争力。如果企业中大量的员工离职，那么会造成人才流失，产生较高的员工离职率时，一般表明企业的员工情绪较为波动、劳资关系较为紧张。员工离职令企业的凝聚力下降，企业的人力成本显著增加、组织效率显著下降，并且对经营绩效带来负面影响，影响企业的持续发展（王海兵等，2011；钱爱民等，2014）。

第二，员工薪酬机制对企业和员工具有激励作用。改革开放以来，随着我国国有企业改革和社会主义市场经济体制的不断完善，员工薪酬机制具有了一定的市场化特征。企业支付给员工稳定的薪酬能够激励员工努力工作、提高劳动生产率，并且增强员工忠诚度、降低离职率，减少企业的业绩波动（叶康涛等，2013）。

已有研究发现，财务报告舞弊曝光使企业高管的离职率显著提高、高管薪酬显著下降。例如，Karpoff 等（2008）发现，在企业的财务报告舞弊行为被处罚后，被认定为应承担舞弊责任的高管中有 93% 会离职，并且大部分是被公司解雇。这无疑损害了企业的高管人力资本。Conyon（2016）发现，在 2005～2010 年发生财务报告舞弊的中国上市公司中，CEO 薪酬与公司舞弊呈显著负相关关系。在财务报告舞弊发生后，公司所有者和董事会通过降低 CEO 薪酬对其失职进行惩罚，而且财务报告舞弊越严重，CEO 薪酬越低。

本章认为，除了高管外，企业中普通员工人力资本也有可能会受到财务报告舞弊曝光的影响，具体表现为员工离职率增加、员工薪酬下降。在员工离职问题上，一方面，在企业的舞弊行为事发、被监管部门处罚后，企业的形象与声誉受损，现有员工会对企业产生不满情绪。当员工能够掌握主动选择权时，他们会采取积极的行为进行抗议，例如，主动离职（钱爱民等，2014）。此外，企业在劳动力市场中的招聘会更加困难，潜在员工在求职时会选择回避"污点"企业（Brown 和 Matsa，2016）。因此，现有员工的离职和潜在员工的回避使企业劳动力供给下降。另一方面，在财务报告舞弊被发现之后，企业面临的融资约束会上升，融资成本和融资难度均增加，融资能力有所下降（Hribar 和 Jenkins，2004；Graham 等，2008；Chen 等，2011）。此时，舞弊企业由于资金短缺将被迫放弃一些回报率为正的项目（Karpoff 等，2008），从而对劳动力的需求下降，被迫裁减员工。基于上述分析得知，舞弊企业在舞弊曝光后，其劳动力供给与需求均会下降。因此本章预测，财务报告舞弊的曝光损害了普通员工人力资本，对员工雇佣带来了负面影响，员工离职率将会提高。基于以上分析，本章提出以下研究假设：

假设 5-1：当财务报告舞弊曝光后，企业的员工离职率会提高。

除此之外，劳动力调整成本也是劳动力市场中的一大重要摩擦。它包括解雇成本、招聘成本、训练成本等，还有生产力的损失。这些成本会随着员工技能等级的提高而提高（Shapiro，1986），即高技能员工的调整成本显著高于普通员工。

若企业中的高技能员工流失，企业将面临更高的代价。因此，本章拟在考察全体员工离职率之外，单独考察高技能员工离职率。

本章以高学历员工（本科、研究生及以上学历）来代表高技能员工。本章预测，高学历员工的雇佣情况对于企业舞弊曝光的敏感性会更强、弹性更高，舞弊事发对高学历员工雇佣的负面效应将更加显著。一方面，高学历员工在企业财务报告舞弊事发后更可能主动离职。Baghai 等（2020）提供的实证证据显示，当企业濒临破产时，高技能员工由于企业陷入财务困境而选择离开企业。高学历员工通常具有更强的技能和就业能力，他们更容易在就业市场中找到新工作，因此更加容易离职。并且，高技能员工通常会在企业中担任更具战略性的职位，因此他们具有信息优势，使他们能够衡量企业面临的困难及其严重程度（Baghai，2020）。这有助于他们及时离开雇主，以降低自己的损失。另一方面，高学历员工在企业财务报告舞弊事发后也更可能被解雇。Caggese 等（2019）发现，陷入财务困境的企业为了降低成本，会被迫解雇那些具有高技能、能带来生产率提升的短期合同员工。除了企业现有高学历员工的主动或被迫离开之外，Brown 和 Matsa（2016）还提到，财务困境企业更难吸引人才，在线上招聘网站上收到的求职信更少，应聘者的质量也更低。因此，企业财务报告舞弊事发后，现有高学历员工更可能离开企业、潜在高学历员工更不可能进入企业。财务报告舞弊损害了高学历员工人力资本，高学历员工离职率会显著提高。基于以上分析，本章提出以下研究假设：

假设 5-2：当财务报告舞弊曝光后，企业的高学历员工离职率会提高。

在员工薪酬问题上，基于上述假设 5-1 和假设 5-2，在财务报告舞弊事发后，员工离职率会增加，尤其是高学历员工离职率。而高学历员工通常薪酬较高，他们的离开也使企业薪酬支出水平下降、成本降低。基于此，本章预测，财务报告舞弊的曝光损害了企业人力资本，具体表现为员工薪酬水平下降。基于以上分析，本章提出以下研究假设：

假设 5-3：当财务报告舞弊曝光后，企业的员工薪酬水平下降。

第三节　研究设计

一、样本选择与数据来源

本章的研究样本是 2011~2019 年的中国 A 股上市公司。样本选取从 2011 年开始，是由于企业员工雇佣数据，尤其是员工学历数据的可获得性。该数据在 Wind 数据库中从 2011 年开始有记录。样本的期间截至 2019 年，是笔者成稿时可获得的较为完整的最新数据年份。样本数据来源包括 CSMAR 数据库、Wind 数据库、RESSET 数据库以及 CNRDS 数据库。本章的财务报表数据、员工人数、员工薪酬、财务报告舞弊等数据来自 CSMAR 数据库，员工学历数据来自 Wind 数据库，熵平衡匹配所用财务数据与股票市场数据来自 RESSET 数据库，其他企业信息来自 CNRDS 数据库。

对于原始数据，本章进行了以下四项处理：①剔除金融行业公司；②剔除被列为"ST"的公司；③剔除相关控制变量与匹配变量缺失的观测；④对连续变量在 1% 和 99% 水平上进行 Winsorized 处理。表 5-1 列示了本章的样本筛选过程，最终样本数为 22010 个公司—年观测，来自 3393 家不同的公司。

表 5-1　样本筛选过程　　　　　　　　　　　单位：个

样本	剔除样本	保留样本
2011~2019 年的 A 股公司—年观测	—	27723
剔除金融行业公司	747	26976
剔除被列为"ST"的公司	1284	25692
剔除相关控制变量缺失的观测	3371	22321
剔除熵匹配变量缺失的观测	311	22010

二、变量与模型设计

为了验证本章的研究假设 5-1、假设 5-2 和假设 5-3，即财务报告舞弊曝光对企业人力资本（员工雇佣与员工薪酬）的影响，本章采用以下回归模型（5-1）~模型（5-3）进行检验：

$$Turnover = \alpha_0 + \alpha_1 \times Fraud + \sum \alpha_i \times Controls + Year + Industry + \varepsilon \qquad (5-1)$$

$$Turnover1 = \beta_0 + \beta_1 \times Fraud + \sum \beta_i \times Controls + Year + Industry + \varepsilon \qquad (5-2)$$

$$LnPay = \gamma_0 + \gamma_1 \times Fraud + \sum \gamma_i \times Controls + Year + Industry + \varepsilon \qquad (5-3)$$

在模型（5-1）和模型（5-2）中，本章参考步丹璐和白晓丹（2013）、钱爱民等（2014）和 Antoni 等（2019），通过对比当期和上一期的员工人数，分析员工变动的情况，以员工人数变化衡量员工离职。在模型（5-1）中，因变量 $Turnover$ 是全体员工离职虚拟变量，当企业 t 期员工人数小于 $t-1$ 期时等于 1，否则等于 0。

在模型（5-2）中，因变量 $Turnover1$ 衡量高学历员工的离职情况，包括 $HTurnover$ 和 $HPTurnover$。参考 Barro 和 Lee（1993）、王珏和祝继高（2018），本章将高学历员工定义为具有本科、研究生及以上学历的员工。$HTurnover$ 是高学历员工离职虚拟变量，当企业 t 期高学历员工人数小于 $t-1$ 期时等于 1，否则等于 0。$HPTurnover$ 是高学历员工占比减少的虚拟变量，当企业 t 期高学历员工占总员工人数的比例小于 $t-1$ 期时等于 1，否则等于 0。

在模型（5-3）中，因变量 $LnPay$ 是员工薪酬（Pay）的自然对数，员工薪酬的计算公式为（t 期支付给员工的薪酬$-t$ 期支付给高管的薪酬$+t$ 期应付职工薪酬$-t-1$ 期应付职工薪酬）/（公司总人数$-$高管人数）。

本章所关注的自变量 $Fraud$ 为企业财务报告舞弊，是企业当年是否因舞弊被监管机构（交易所、证监会、财政部等）处罚的虚拟变量，当企业因舞弊被处罚时等于 1，否则等于 0。本书定义的舞弊类型包括虚构利润、虚列资产、虚假记载（误导性陈述）、重大遗漏、会计处理不当等。

此外，$Controls$ 为影响员工离职率和员工薪酬的相关控制变量。参考步丹璐和白晓丹（2013）和钱爱民等（2014），本章控制了以下十个方面：①企业规模（$Size$），即企业总资产金额的自然对数；②企业负债率（Lev），即企业总负债金额与总资产金额的比值；③总资产收益率（ROA），即企业净利润与总资产的比值；④营业收入增长率（$Salesgrowth$），等于企业（t 期营业收入$-t-1$ 期营业收入）/（$t-1$ 期营业收入）；⑤账面市值比（BTM），即企业账面所有者权益与市值的比值；⑥企业产权性质（SOE），当企业为国有时等于 1，否则等于 0；⑦管理者两职合一（*Twoinone*），当总经理同时任职董事长时等于1，否则等于0；⑧独立董事占比（*Inddirector*），即企业独立董事人数占董事会人数的比例；⑨股权集中度（*H5hold*），以前五大股东持股比例平方和来衡量；⑩管理层持股（*Managerhold*），即高管持股数量的自然对数。

另外，本章还控制了年份固定效应（*Year*）和行业固定效应（*Industry*），以便排除宏观经济因素和不随时间变化的行业遗漏特征的影响，从而更好地识别出财务报告舞弊的效应。其中，行业（制造业除外）按2012年版证监会行业分类标准的第一位代码设置虚拟变量，制造业细分至第二位代码。对于回归模型的选择，当因变量为虚拟变量时，采用Probit模型；当因变量为连续变量时，采用OLS方法。对于回归模型残差，本章在企业层面进行了聚类处理。

本章预期模型（5-1）和模型（5-2）中系数 α_1 和 β_1 的符号为正，即财务报告舞弊曝光提高了员工（及高学历员工）的离职率，并预期模型（5-3）中系数 γ_1 的符号为负，即财务报告舞弊的曝光降低了员工的薪酬水平。表5-2列示了本章回归模型中所包含的全部变量的定义。

表5-2　变量定义

变量名称	变量符号	变量定义
因变量		
全体员工离职	*Turnover*	当企业 t 期员工人数小于 $t-1$ 期时等于1，否则等于0
高学历员工离职	*HTurnover*	当企业 t 期高学历（本科、研究生及以上学历）员工人数小于 $t-1$ 期时等于1，否则等于0
高学历员工占比减少	*HPTurnover*	当企业 t 期高学历员工占总员工人数的比例小于 $t-1$ 期时等于1，否则等于0
高学历员工占比减少变化率	*HPTurnoverrate*	（$t-1$ 期高学历员工占比－t 期高学历员工占比）/（$t-1$ 期高学历员工占比）
员工薪酬	*LnPay*	员工薪酬（*Pay*）的自然对数，其中员工薪酬＝（t 期支付给员工的薪酬－t 期支付给高管的薪酬+t 期应付职工薪酬－$t-1$ 期应付职工薪酬）/（公司总人数-高管人数）
OLS法全要素生产率	*TFP_OLS*	企业全要素生产率，以基于柯布-道格拉斯生产函数构造的回归模型（4-4）的残差来衡量
OP法全要素生产率	*TFP_OP*	企业全要素生产率，以 Olley 和 Pakes（1996）方法修正估计偏差后的回归模型残差来衡量
专利申请	*LnPatent*	公司 $t+1$ 期所申请的专利数量的自然对数

续表

变量名称	变量符号	变量定义
自变量		
财务报告舞弊	*Fraud*	当企业因舞弊被监管机构处罚时等于1，否则等于0
舞弊曝光前一年	*Fraud*$^{t-1}$	当企业因舞弊被监管机构处罚的前一年时等于1，否则等于0
舞弊曝光后一年	*Fraud*$^{t+1}$	当企业因舞弊被监管机构处罚的后一年时等于1，否则等于0
控制变量		
企业规模	*Size*	总资产金额的自然对数
企业负债率	*Lev*	总负债金额/总资产金额
总资产收益率	*ROA*	净利润/总资产
营业收入增长率	*Salesgrowth*	(*t*期营业收入−*t*−1期营业收入)/(*t*−1期营业收入)
账面市值比	*BTM*	账面所有者权益/市值
产权性质	*SOE*	当企业为国有时等于1，否则等于0
管理者两职合一	*Twoinone*	当总经理同时任职董事长时等于1，否则等于0
独立董事占比	*Inddirector*	独立董事人数/董事会人数
股权集中度	*H5hold*	前五大股东持股比例平方和
管理层持股	*Managerhold*	高管持股数量的自然对数
高管变更	*Managerchange*	当高管发生变更时等于1，否则等于0
熵平衡匹配变量		
总应计项	*Tata*	应计项/总资产
现金销售率	*Ch_cs*	(*t*期营业收入−*t*期应收账款+*t*−1期应收账款)/*t*期营业收入
其他应收款比例	*Otherrec*	其他应收款/总资产
是否亏损	*Loss*	当企业扣除非经常性损益后的净资产收益率小于0时等于1，否则等于0
股票月换手率波动率	*Sd_vol*	股票月均换手率的连续12个月的标准差
股权集中度	*H5hold*	前五大股东持股比例平方和
机构投资者持股比例	*Institu*	机构投资者年均持股数/总股数
是否再融资	*Issue*	当企业有股权或债券融资时等于1，否则等于0
股市周期	*Stkcyc*	当年股市为熊市时等于1，否则等于0。熊市（牛市）即当年总市值加权平均年收益率小于0（大于0）

三、熵平衡匹配

由于财务报告舞弊企业和非舞弊企业本身就存在差别，因此可能无法直接比较两者对员工雇佣的影响。也就是说，本章的回归模型很可能遗漏一些影响企业财务报告舞弊的因素，从而影响因变量——员工离职和员工薪酬。为了缓解这一问题，本章采用熵平衡匹配（Entropy Balanced Matching）的方法，将舞弊企业和非舞弊企业基于舞弊预测指标进行匹配。

熵平衡匹配是近几年兴起的一种样本匹配方法。在过去的十几年中，倾向得分匹配（Propensity Score Matching，PSM）在会计学研究中是最常用的匹配方法之一，通过 PSM 能够缓解非随机处理效应（non-random treatment assignment），辅助因果推断。而在近几年的研究中，一些学者开始应用熵平衡匹配的方法（Wilde，2017；Shroff 等，2017）。该方法最早由 Hainmueller（2012）提出，目标在于实现实验组和控制组在各个协变量（covariate）上的平衡，消除差异。具体而言，熵平衡匹配以约束条件下最优解为思路，为控制组的每个观测赋予一个连续性的权重，从而实现实验组与控制组在各个协变量上分布矩（如均值、方差、偏度等）的相近。熵平衡匹配在本章非常适合应用，因为舞弊企业的样本远小于非舞弊企业，如果应用传统的 PSM 匹配方式，将损失大量样本。而应用熵平衡匹配，可以在保留全部样本的基础上，实现舞弊企业与非舞弊企业的平衡。

本章参考钱苹和罗玫（2015）的中国上市公司财务造假预测模型（Cscore），选择了一系列匹配变量，包括以下九个：①总应计项（Tata），即应计项与总资产的比值；②现金销售率（Ch_cs），计算公式为（t 期营业收入-t 期应收账款+t-1 期应收账款）/t 期营业收入；③其他应收款比例（Otherrec），即其他应收款与总资产的比值；④企业当期是否亏损虚拟变量（Loss），当企业扣除非经常性损益后的净资产收益率小于 0 时等于 1，否则等于 0；⑤股票月换手率波动率（Sd_vol），即股票月均换手率的连续 12 个月的标准差；⑥股权集中度（H5hold），以前五大股东持股比例平方和来衡量；⑦机构投资者持股比例（Institu），即机构投资者年均持股数与总股数的比值；⑧企业当期是否再融资虚拟变量（Issue），当企业有股权或债券融资时等于 1，否则等于 0；⑨股市周期（Stkcyc），当年股市为熊市时等于 1，否则等于 0。熊市（牛市）即当年总市值加权平均年收益率小于 0（大于 0）。此外，本章还额外将舞弊企业与非舞弊企业的资产规模（Size）、负债率（Lev）、总资产收益率（ROA）、账面市值比（BTM）进行了匹配。

在每个年度—行业组内，本章分配权重给对照组的观测值，以确保对照组匹配变量的均值、方差、偏度与实验组相似。表5-3报告了实验组和对照组在熵平衡匹配前后的均值、方差、偏度。可以看出，实验组（舞弊企业）与对照组（非舞弊企业）在匹配后，匹配变量上具有高度相似的均值、方差、偏度，即表示了匹配成功。本章后续回归结果均为采用熵平衡匹配样本的结果。

表5-3　熵平衡匹配结果

Panel A　熵平衡匹配前的描述性统计					
变量名称	*Fraud*=0（样本量=18608）			*Fraud*=1（样本量=3402）		
	均值	方差	偏度	均值	方差	偏度
Size（企业规模）	22.201	1.750	0.744	22.066	1.402	0.481
Lev（企业负债率）	0.423	0.044	0.274	0.460	0.048	0.294
ROA（总资产收益率）	0.040	0.003	−1.902	0.019	0.007	−2.456
BTM（账面市值比）	0.625	0.060	0.003	0.615	0.060	−0.090
Institu（机构投资者持股比例）	0.318	0.067	0.512	0.291	0.056	0.589
Tata（总应计项）	−0.007	0.005	−0.275	−0.016	0.007	−0.682
Ch_cs（现金销售率）	0.966	0.008	−0.846	0.976	0.011	−0.162
Otherrec（其他应收款比例）	0.015	0.001	3.358	0.020	0.001	2.638
Loss（是否亏损）	0.153	0.129	1.930	0.275	0.200	1.005
Sd_vol（股票月换手率波动率）	17.141	192.492	1.515	19.699	225.877	1.366
H5hold（股权集中度）	0.166	0.013	1.153	0.142	0.012	1.457
Issue（是否再融资）	0.214	0.168	1.396	0.223	0.173	1.330
Stkcyc（股市周期）	0.346	0.226	0.646	0.295	0.208	0.898

Panel B　熵平衡匹配后的描述性统计

变量名称	Fraud = 0（样本量 = 18608）			Fraud = 1（样本量 = 3402）		
	均值	方差	偏度	均值	方差	偏度
Size（企业规模）	22.066	1.403	0.482	22.066	1.402	0.481
Lev（企业负债率）	0.460	0.048	0.294	0.460	0.048	0.294
ROA（总资产收益率）	0.019	0.007	−2.456	0.019	0.007	−2.456
BTM（账面市值比）	0.615	0.060	−0.090	0.615	0.060	−0.090
Institu（机构投资者持股比例）	0.291	0.056	0.589	0.291	0.056	0.589
Tata（总应计项）	−0.016	0.007	−0.682	−0.016	0.007	−0.682
Ch_cs（现金销售率）	0.976	0.011	−0.162	0.976	0.011	−0.162
Otherrec（其他应收款比例）	0.020	0.001	2.638	0.020	0.001	2.638
Loss（是否亏损）	0.275	0.200	1.005	0.275	0.200	1.005
Sd_vol（股票月换手率波动率）	19.698	225.877	1.366	19.699	225.877	1.366
H5hold（股权集中度）	0.142	0.012	1.457	0.142	0.012	1.457
Issue（是否再融资）	0.223	0.173	1.330	0.223	0.173	1.330
Stkcyc（股市周期）	0.295	0.208	0.898	0.295	0.208	0.898

注：本表报告了舞弊企业样本与非舞弊企业样本进行熵平衡匹配前后的匹配变量的描述性统计结果。匹配维度包括均值、方差及偏度。Panel A 为匹配前的描述性统计，Panel B 为匹配后的描述性统计。变量定义见表 5-2。

第四节　描述性统计

表 5-4 是本章回归模型中所涉及的主要变量的描述性统计。样本规模为

22010 个公司一年观测。从表 5-4 可以看出，有 39.9% 的样本观测中员工出现了离职（*Turnover*），24.3% 的样本观测中高学历员工出现了离职（*HTurnover*），以及有 28.7% 的样本观测中高学历员工占比减少（*HPTurnover*）。这说明员工离职现象是较为普遍和常有的，并且高学历员工也具有一定的流动性。此外，员工薪酬（*Pay*）的平均水平为 11.94 万元，中位数为 9.92 万元。因进行财务报告舞弊被处罚（即 *Fraud*=1）的样本观测为 15.5%，与以往研究中的水平相似。

表 5-4　主要变量描述性统计

变量名称	样本量	均值	25%分位数	中位数	75%分位数	标准差
Turnover （员工离职）	22010	0.399	0.000	0.000	1.000	0.490
HTurnover （高学历员工离职）	22010	0.243	0.000	0.000	0.000	0.429
HPTurnover （高学历员工占比减少）	22010	0.287	0.000	0.000	1.000	0.452
Pay （员工薪酬）	21924	11.940	7.281	9.921	13.960	7.885
LnPay （员工薪酬）	21917	2.329	1.986	2.295	2.637	0.529
Fraud （财务报告舞弊）	22010	0.155	0.000	0.000	0.000	0.361
Size （企业规模）	22010	22.180	21.260	22.010	22.910	1.303
Lev （企业负债率）	22010	0.428	0.259	0.419	0.583	0.211
ROA （总资产收益率）	22010	0.037	0.014	0.036	0.065	0.063
BTM （账面市值比）	22010	0.624	0.435	0.627	0.809	0.244
Salesgrowth （营业收入增长率）	22010	0.192	-0.015	0.109	0.266	0.501
SOE （产权性质）	22010	0.326	0.000	0.000	1.000	0.469
Twoinone （管理者两职合一）	22010	0.268	0.000	0.000	1.000	0.443

续表

变量名称	样本量	均值	25%分位数	中位数	75%分位数	标准差
Inddirector（独立董事占比）	22010	0.375	0.333	0.333	0.429	0.053
H5hold（股权集中度）	22010	0.162	0.075	0.134	0.222	0.115
Managerhold（管理层持股）	22010	10.400	0.000	13.240	16.910	7.445

注：本表报告了财务报告舞弊曝光与人力资本损害的回归分析所需主要变量的描述性统计结果。变量定义见表5-2。

在控制变量的描述性统计方面，资产规模（*Size*）的均值（中位数）为22.180（22.010），负债率（*Lev*）的均值（中位数）为0.428（0.419），总资产收益率（*ROA*）的均值（中位数）为0.037（0.036），均与以往研究中的水平相似。成长性方面，账面市值比（*BTM*）的均值为0.624，营业收入增长率（*Salesgrowth*）均值为19.2%。产权性质方面，有32.6%的样本企业为国有企业（*SOE*=1）。公司治理方面，有26.8%的样本企业总经理同时担任董事长职务（*Twoinone*=1），独立董事占比（*Inddirector*）平均为37.5%，前五大股东持股比例平方和（*H5hold*）的均值为0.162，高管持股数量（*Managerhold*）的均值为10.400。

表5-5报告了回归模型中的主要因变量和自变量的相关性系数。从表5-5可以看出，员工离职相关变量均与财务报告舞弊呈现正相关关系，其中员工离职（*Turnover*）、高学历员工离职（*HTurnover*）与高学历员工占比减少（*HPTurnover*）虚拟变量与财务报告舞弊（*Fraud*）在1%的置信水平上显著呈正相关。而员工薪酬（*LnPay*）与财务报告舞弊（*Fraud*）在1%的置信水平上显著呈负相关。上述结果符合本章预期，因此本章将以此为基础，继续进行回归分析以检验相关假设。

表5-5　主要变量相关性分析

变量名称	*Turnover*	*HTurnover*	*HPTurnover*	*LnPay*	*Fraud*
Turnover（全体员工离职）	1				

变量名称	*Turnover*	*HTurnover*	*HPTurnover*	*LnPay*	*Fraud*
HTurnover （高学历员工离职）	0.417 ***	1			
HPTurnover （高学历员工占比减少）	-0.092 ***	0.414 ***	1		
LnPay （员工薪酬）	0.060 ***	0.079 ***	0.003	1	
Fraud （财务报告舞弊）	0.046 ***	0.063 ***	0.040 ***	-0.036 ***	1

注：本表报告了财务报告舞弊曝光与人力资本损害的回归分析所需主要因变量和自变量的相关性分析结果。 *** 表示相关系数在1%的置信水平下显著。变量定义见表5-2。

第五节　实证分析结果

一、主回归

表5-6报告了模型（5-1）~模型（5-3）的回归结果，考察财务报告舞弊曝光对企业人力资本（员工离职和员工薪酬）的影响。衡量全体员工离职的因变量为 *Turnover*，衡量高学历员工离职的因变量为 *HTurnover* 和 *HPTurnover*。衡量员工薪酬的变量为 *LnPay*。关键自变量为财务报告舞弊（*Fraud*）。

表5-6　财务报告舞弊曝光与企业人力资本损害

变量名称	*Turnover* （全体员工离职） （1）	*HTurnover* （高学历员工离职） （2）	*HPTurnover* （高学历员工占比减少） （3）	*LnPay* （员工薪酬） （4）
Fraud （财务报告舞弊）	0.060 ** (2.394)	0.101 *** (3.726)	0.102 *** (3.973)	-0.025 *** (-2.676)
Size （企业规模）	-0.112 *** (-6.350)	-0.102 *** (-5.594)	-0.055 *** (-3.334)	0.108 *** (11.943)

续表

变量名称	Turnover（全体员工离职）（1）	HTurnover（高学历员工离职）（2）	HPTurnover（高学历员工占比减少）（3）	LnPay（员工薪酬）（4）
Lev（企业负债率）	0.236***	0.246***	0.142*	−0.210***
	(2.689)	(2.671)	(1.755)	(−4.859)
ROA（总资产收益率）	−2.733***	−2.548***	−0.686***	−0.218**
	(−10.766)	(−11.484)	(−3.405)	(−2.493)
BTM（账面市值比）	0.280***	0.287***	0.081	−0.307***
	(3.408)	(3.336)	(1.049)	(−7.850)
Salesgrowth（营业收入增长率）	−0.424***	−0.404***	0.052**	0.016
	(−9.362)	(−9.032)	(2.130)	(1.600)
SOE（产权性质）	0.166***	−0.044	−0.158***	0.143***
	(4.603)	(−1.110)	(−4.405)	(7.090)
Twoinone（管理者两职合一）	−0.044	−0.043	−0.016	0.001
	(−1.351)	(−1.281)	(−0.530)	(0.081)
Inddirector（独立董事占比）	0.129	0.432	0.551**	0.243*
	(0.510)	(1.630)	(2.274)	(1.899)
H5hold（股权集中度）	−0.118	−0.197	−0.143	0.125*
	(−0.853)	(−1.423)	(−1.090)	(1.713)
Managerhold（管理层持股）	−0.017***	−0.006***	0.004*	0.002
	(−7.787)	(−2.880)	(1.678)	(1.544)
截距项	2.170***	−4.150***	−4.547***	−0.634***
	(6.020)	(−10.252)	(−13.684)	(−3.207)
年度固定效应	控制	控制	控制	控制
行业固定效应	控制	控制	控制	控制
样本量	22002	22002	22002	21909
伪 R^2/R^2	0.089	0.112	0.059	0.326
Wald chi2 值/F 值	839.07***	1488.57***	24345.41***	131.23***

注：本表报告了财务报告舞弊曝光与人力资本损害在行业集中度分组下的回归分析结果。因变量包括全体员工离职（Turnover）、高学历员工离职（HTurnover）、高学历员工占比减少（HPTurnover）和员工薪酬（LnPay）。关键自变量为财务报告舞弊（Fraud）。本书对连续变量在1%和99%水平上进行了 Winsorized 处理。对于回归模型残差，本书在企业层面进行了聚类处理。第（1）（2）（3）列为 Probit 回归，报告模型的伪 R^2 和 Wald chi2 值；第（4）列为 OLS 回归，报告模型的 R^2 和 F 值。括号中报告的是 z 值（Probit 回归）或 t 值（OLS 回归）。*、**、*** 分别表示回归系数在10%、5%、1%的置信水平下显著。变量定义见表5-2。

从表5-6的第（1）列回归结果可以看出，财务报告舞弊的曝光使全体员工离职的概率显著增加，财务报告舞弊（Fraud）的回归系数为0.060，在5%的置信水平上显著。进一步地，第（2）（3）列的实证结果表明，高学历员工的离职概率以及高学历员工占比减少的概率也显著增加。具体而言，第（2）列中财务报告舞弊（Fraud）的回归系数为0.101，在1%的置信水平上显著；第（3）列中财务报告舞弊（Fraud）的回归系数为0.102，在1%的置信水平上显著。因此，全体员工和高学历员工在企业财务报告舞弊被曝光后的离职概率均有所增加，但是，舞弊曝光对高学历员工的影响更大，因为其回归系数值更大、在统计上也更为显著。此外，从表5-6的第（4）列回归结果可以看出，财务报告舞弊的曝光导致了员工薪酬显著降低。财务报告舞弊（Fraud）的回归系数为-0.025，在1%的置信水平上显著。

因此，财务报告舞弊曝光对企业人力资本造成了损害：一方面，财务报告舞弊曝光增加了企业员工的离职概率，特别地，显著增加了高学历员工离职的概率，企业中高学历员工占比下降。另一方面，财务报告舞弊曝光还显著降低了员工薪酬水平。上述结果均与本章的预期相符。该实证结果也具有经济显著性：通过计算平均边际效应得知，财务报告舞弊曝光带来了全体员工的离职概率增加约2.2%，高学历员工的离职概率增加约3.1%，高学历员工占比减少的概率增加约3.4%，[①] 并且使员工薪酬降低了2.5%。[②]

在控制变量方面，当企业规模越大、ROA（资产收益率）越高、成长性越高，以及企业为国有企业时，高学历员工离职概率显著下降。这与本章的预期相符，高学历员工对于危机和风险的识别和判断更加敏锐，他们会选择离开走向衰败的企业，为自己谋更好的出路。而当企业规模越大、成长性越高且为国有企业时，员工薪酬水平越高；当企业负债率越高时，员工薪酬越低。

---

① 由于因变量全体员工离职（Turnover）、高学历员工离职（HTurnover）和高学历员工占比减少（HPTurnover）都是虚拟变量，因此在计算财务报告舞弊（Fraud）回归系数的经济显著性时，平均边际效应的结果由Stata直接输出所得。下同。

② 由于因变量是员工薪酬的自然对数（LnPay），因此在计算财务报告舞弊（Fraud）回归系数的经济显著性时，直接按其回归系数来计。此处回归系数为-0.025，因此经济显著性为-2.5%。

二、横截面分析：行业集中度分组回归

由主回归结果可知，财务报告舞弊曝光对企业人力资本造成了损害，舞弊的曝光增加了全体员工特别是高学历员工离职的概率，高学历员工在企业中的占比有所下降，并且员工薪酬有所降低。进一步地，本部分拟分析财务报告舞弊的人力资本损害效应在不同市场环境下的表现。

行业集中度的高低可能会令财务报告舞弊曝光的人力资本损害产生不同程度的影响。行业集中度体现了市场的竞争和垄断程度。本章采用的行业集中度指标是赫芬达尔—赫希曼指数（Herfindahl-Hirschman Index，HHI）。当行业集中度高时，HHI 较高，市场中呈现垄断现象；当行业集中度低时，HHI 较低，市场中呈现激烈竞争现象。本章假设，当行业集中度较低、市场竞争激烈时，高学历员工在同行业中的工作机会更多、跳槽时更容易寻找到新雇主，因此财务报告舞弊曝光的人力资本损害效应可能会更为显著；而当行业集中度较高、产生市场垄断时，在同行业中跳槽找到新工作会比较困难，因此财务报告舞弊曝光的人力资本损害效应的显著性可能会降低或不显著。

本部分将样本按 HHI 的中位数分为两组，即低集中度（低 HHI）组与高集中度（高 HHI）组。然后，在两个组内分别进行模型（5-2）和模型（5-3）的回归。表 5-7 报告了高学历员工占比减少虚拟变量和员工薪酬在低 HHI 与高HHI 组回归的结果。第（1）（2）列的结果表明，财务报告舞弊（Fraud）的回归系数仅在低 HHI 组显著为正（回归系数为 0.160，在 1% 的置信水平上显著）。而在高 HHI 组，财务报告舞弊（Fraud）的回归系数为正但不显著。此外，低HHI 组与高 HHI 组的回归系数差异是显著的（p=0.032）。这一结果说明，财务报告舞弊曝光对高学历员工占比减少的影响仅在行业集中度低的时候显著，与本部分的假设相符。在员工薪酬方面，第（3）（4）列的回归结果显示，财务报告舞弊（Fraud）的回归系数仅在低 HHI 组显著为负（回归系数为-0.025，在 10%的置信水平上显著）。在高 HHI 组，财务报告舞弊（Fraud）的回归系数为负值，但在统计上不显著。因此，财务报告舞弊曝光对员工薪酬减少的影响也仅在行业集中度低的时候显著，与本部分的假设相符。

表 5-7 行业集中度分组回归

变量名称	HPTurnover（高学历员工占比减少）		LnPay（员工薪酬）	
	低 HHI （1）	高 HHI （2）	低 HHI （3）	高 HHI （4）
Fraud （财务报告舞弊）	0.160*** （4.527）	0.039 （1.044）	−0.025* （−1.934）	−0.020 （−1.592）
Size （企业规模）	−0.065*** （−2.810）	−0.036 （−1.523）	0.126*** （10.857）	0.089*** （6.989）
Lev （企业负债率）	0.213* （1.827）	0.061 （0.541）	−0.219*** （−3.630）	−0.189*** （−3.142）
ROA （总资产收益率）	−0.907*** （−3.147）	−0.512* （−1.818）	−0.224 （−1.627）	−0.223** （−2.046）
BTM （账面市值比）	0.165 （1.525）	−0.025 （−0.221）	−0.366*** （−7.162）	−0.240*** （−4.389）
Salesgrowth （营业收入增长率）	0.060* （1.735）	0.034 （0.967）	0.015 （0.971）	0.019 （1.420）
SOE （产权性质）	−0.130** （−2.560）	−0.195*** （−3.786）	0.154*** （5.181）	0.134*** （5.131）
Twoinone （管理者两职合一）	−0.017 （−0.374）	−0.016 （−0.370）	0.018 （0.900）	−0.016 （−0.834）
Inddirector （独立董事占比）	0.725** （2.086）	0.306 （0.935）	0.296* （1.726）	0.187 （1.100）
H5hold （股权集中度）	0.028 （0.155）	−0.311* （−1.684）	0.231** （2.520）	0.011 （0.107）
Managerhold （管理层持股）	0.007** （2.183）	0.001 （0.319）	0.002 （1.091）	0.002 （1.338）
截距项	−5.150*** （−10.639）	−4.707*** （−9.979）	−1.007*** （−3.871）	−0.274 （−1.044）
p 值（低 HHI＝高 HHI）	0.032		0.946	
年度固定效应	控制	控制	控制	控制
行业固定效应	控制	控制	控制	控制
样本量	11199	10664	11158	10692
伪 R^2/R^2	0.061	0.056	0.313	0.346

续表

变量名称	HPTurnover（高学历员工占比减少）		LnPay（员工薪酬）	
	低 HHI （1）	高 HHI （2）	低 HHI （3）	高 HHI （4）
Wald chi2 值/F 值	11586.30***	84539.47***	47.66***	53.31***

注：本表报告了财务报告舞弊曝光与人力资本损害在行业集中度分组下的回归分析结果。本节按行业集中度将样本分为低集中度（低 HHI）组与高集中度（高 HHI）组，然后在两个组内分别进行回归。因变量为高学历员工离职（HTurnover）和员工薪酬（LnPay）。关键自变量为财务报告舞弊（Fraud）。本书对连续变量在1%和99%水平上进行了 Winsorized 处理。对于回归模型残差，本书在企业层面进行了聚类处理。第（1）（2）列为 Probit 回归，报告模型的伪 R^2 和 Wald chi2 值；第（3）（4）列为 OLS 回归，报告模型的 R^2 和 F 值。括号中报告的是 z 值（Probit 回归）或 t 值（OLS 回归）。＊、＊＊、＊＊＊分别表示回归系数在10%、5%、1%的置信水平下显著。变量定义见表5-2。

三、经济后果检验：企业生产率

本节进一步考察财务报告舞弊曝光的员工离职效应带来的经济后果，即对企业生产率的影响。具体来说，由于财务报告舞弊的曝光增加了企业员工特别是高学历员工的离职率，企业人力资本发生变化，因此对企业生产率可能产生负面影响。本节首先以 OLS 法，基于柯布—道格拉斯生产函数，使用以下回归模型（5-4）的残差来度量全要素生产率（TFP_OLS）：

$$LnY = \gamma_0 + \gamma_1 \times LnL + \gamma_2 \times LnK + Year + Industry + \varepsilon \tag{5-4}$$

模型（5-4）中，因变量 LnY 是产出的自然对数，其中产出用销售收入来衡量；自变量 LnL 是劳动力投入的自然对数，其中劳动力投入用员工人数来衡量；自变量 LnK 是资本投入的自然对数，其中资本投入用固定资产净值的自然对数来衡量。模型中还控制了年度和行业固定效应。残差 ε 即回归得到的全要素生产率 TFP_OLS。由于 OLS 法可能因为内生性问题带来估计偏差，本节还以 OP 法（Olley 和 Pakes，1996）进行了修正，计算得到企业生产率（TFP_OP）。在使用 OP 法时，本节将投资的自然对数（LnM）作为生产率的代理变量，其中投资用资本性支出（构建固定资产支付的现金-处置固定资产收回的现金）来衡量。在 OP 法下，产出用企业所在省份的工业品出厂价格指数平减，资本投入用固定资产投资价格指数平减。变量定义见表5-8。

表 5-8　财务报告舞弊曝光与企业生产率：中介效应分析

TFP =	TFP_OLS (1)	TFP_OP (2)
直接效应		
ρ （Fraud, TFP）	−0.018 (−1.500)	−0.021* (−1.740)
间接效应		
ρ （Fraud, HPTurnover）	0.031*** (3.684)	0.030*** (3.462)
ρ （HPTurnover, TFP）	−0.035*** (−3.546)	−0.034*** (−3.401)
中介效应	−0.001** (−2.555)	−0.001** (−2.426)
样本量	21988	20486
控制变量	控制	控制
行业固定效应	控制	控制
年度固定效应	控制	控制

注：本表报告了财务报告舞弊曝光与人力资本损害在企业生产率方面的中介效应分析结果。结果变量为企业全要素生产率（TFP_OLS、TFP_OP）。中介变量为高学历员工离职（HPTurnover）。关键自变量为财务报告舞弊（Fraud）。本书对连续变量在 1% 和 99% 水平上进行了 Winsorized 处理。括号中报告的是 t 值。*、**、*** 分别表示回归系数在 10%、5%、1% 的置信水平下显著。变量定义见表 5-2。

表 5-8 报告了财务报告舞弊曝光通过增加高学历员工离职进而影响企业生产率的中介效应分析结果。ρ（自变量，因变量）代表了中介效应的系数。由结果可知，财务报告舞弊与高学历员工占比减少显著正相关（p<0.01），高学历员工占比减少与企业生产率显著负相关（p<0.01），由高学历员工引发的中介效应显著为负（p<0.05）。此外，财务报告舞弊对企业生产率（TFP_OP）的直接效应也显著为负（p<0.1）。这一结果说明，财务报告舞弊曝光使企业中高学历员工流失，进而降低了企业生产率。

四、经济后果检验：企业创新

本节进一步考察了财务报告舞弊曝光的员工薪酬效应带来的经济后果，即对企业创新的影响。具体来说，由于财务报告舞弊的曝光降低了员工薪酬水平，员工的工作积极性可能受到影响，因此对企业创新带来负面影响。本节利用CNRDS 数据库中的上市公司专利申请数据，以公司 t+1 期所申请的专利数量的自然对数（*LnPatent*）作为企业创新产出的代理变量。[①] 变量定义见表 5-2。

表 5-9 报告了财务报告舞弊曝光通过影响员工薪酬进而影响企业创新产出的分析结果。ρ（自变量，因变量）代表了中介效应的系数。由表 5-9 的结果可知，财务报告舞弊与员工薪酬水平显著负相关（p<0.05），员工薪酬水平与企业专利申请显著正相关（p<0.01），由员工薪酬引发的中介效应显著为负（p<0.05）。此外，财务报告舞弊对企业专利申请的直接效应也显著为负（p<0.01）。因此，财务报告舞弊曝光导致员工薪酬水平的降低，进而降低了企业的创新产出，企业专利申请数量下降。

表 5-9　财务报告舞弊曝光与专利申请：中介效应分析

变量名称	*LnPatent* （1）
直接效应	
ρ（*Fraud*，*LnPatent*）	-0.090^{***} （-3.567）
间接效应	
ρ（*Fraud*，*LnPay*）	-0.021^{**} （-2.322）
ρ（*LnPay*，*LnPatent*）	0.141^{***} （6.971）
中介效应	-0.003^{**} （-2.203）
样本量	18724
控制变量	控制
行业固定效应	控制

---

① 本章的样本期间为 2011~2019 年，因此，在本节对企业创新的经济后果检验中，仅使用 2011~2018 年的样本数据。

续表

变量名称	LnPatent （1）
年度固定效应	控制

注：本表报告了财务报告舞弊曝光与人力资本损害在企业创新方面的中介效应分析结果。结果变量为企业专利申请（*LnPatent*）。中介变量为员工薪酬（*LnPay*）。关键自变量为财务报告舞弊（*Fraud*）。本书对连续变量在1%和99%水平上进行了 Winsorized 处理。括号中报告的是 t 值。＊、＊＊、＊＊＊分别表示回归系数在10%、5%、1%的置信水平下显著。变量定义见表5-2。

五、稳健性检验：控制高管变更的影响

本节考虑了高管变更对财务报告舞弊曝光的人力资本损害效应的可能影响。由于已有研究发现，财务报告舞弊的曝光导致高管离职率提高、高管薪酬下降（Karpoff 等，2008；Conyon，2016），而在我国上市公司中，普遍存在高管离职时带走整个团队成员的现象，因此，本节拟检验普通员工人力资本的损失是否受高管变更影响而非财务报告舞弊影响。本节构造了当期高管是否变更的虚拟变量（*Managerchange*），并在原模型（5-2）和模型（5-3）中加以控制，以检验主回归结果的稳健性。

表5-10 报告了控制高管变更影响的回归结果。由此可以看出，在控制了高管变更后，财务报告舞弊的曝光依然对普通员工人力资本带来了显著损害，具体表现为高学历员工离职和员工薪酬下降，证明了主回归结果具有一定稳健性。此外，在第（1）（2）列中，高管变更（*Managerchange*）的系数为正（虽然在第（2）列中不显著），表明确实存在高管变更增加了员工离职的现象。在第（3）列中，高管变更（*Managerchange*）的系数也显著为正，这与陈冬华等（2011）的研究结论一致，即在高管继任时员工薪酬会发生显著增长，说明高管和员工之间存在隐性联盟。

表5-10　稳健性检验：控制高管变更的影响

变量名称	HTurnover （高学历员工离职） （1）	HPTurnover （高学历员工占比减少） （2）	LnPay （员工薪酬） （3）
Fraud （财务报告舞弊）	0.095＊＊＊ （3.493）	0.100＊＊＊ （3.899）	-0.026＊＊＊ （-2.845）

续表

变量名称	HTurnover (高学历员工离职) (1)	HPTurnover (高学历员工占比减少) (2)	LnPay (员工薪酬) (3)
Size (企业规模)	-0.103*** (-5.643)	-0.055*** (-3.336)	0.108*** (11.956)
Lev (企业负债率)	0.239*** (2.594)	0.140* (1.727)	-0.212*** (-4.898)
ROA (总资产收益率)	-2.485*** (-11.129)	-0.666*** (-3.293)	-0.197** (-2.269)
BTM (账面市值比)	0.293*** (3.397)	0.082 (1.059)	-0.307*** (-7.868)
Salesgrowth (营业收入增长率)	-0.405*** (-9.183)	0.050** (2.062)	0.014 (1.419)
SOE (产权性质)	-0.053 (-1.329)	-0.161*** (-4.461)	0.141*** (6.964)
Twoinone (管理者两职合一)	-0.031 (-0.929)	-0.013 (-0.417)	0.004 (0.302)
Inddirector (独立董事占比)	0.396 (1.496)	0.541** (2.233)	0.234* (1.824)
H5hold (股权集中度)	-0.180 (-1.303)	-0.139 (-1.059)	0.128* (1.758)
Managerhold (管理层持股)	-0.006*** (-2.588)	0.004* (1.759)	0.002* (1.718)
Managerchange (高管变更)	0.137*** (4.289)	0.040 (1.262)	0.039*** (3.536)
截距项	-4.110*** (-10.341)	-4.549*** (-13.687)	-0.637*** (-3.231)
年度固定效应	控制	控制	控制
行业固定效应	控制	控制	控制
样本量	22002	22002	21909
伪 R^2/R^2	0.114	0.059	0.327
Wald chi2 值/F 值	1701.31***	23192.71***	129.50***

注：本表报告了财务报告舞弊曝光与人力资本损害在控制高管变更影响后的检验结果。第（1）（2）列的因变量为高学历员工离职和高学历员工占比减少虚拟变量（HTurnover 和 HPTurnover），第（3）列的因变量为员工薪酬（LnPay）。关键自变量为财务报告舞弊（Fraud）。此外，回归中额外控制了高管变更（Managerchange）。本书对连续变量在1%和99%水平上进行了 Winsorized 处理。第（1）（2）列为 Probit 回归，报告模型的伪 R^2 和 Wald chi2 值；第3列为 OLS 回归，报告模型的 R^2 和 F 值。括号中报告的是 z 值（Probit 回归）或 t 值（OLS 回归）。*、**、*** 分别表示回归系数在10%、5%、1%的置信水平下显著。变量定义见表5-2。

六、稳健性检验：连续因变量及线性概率模型

本节对主回归变量和模型的稳健性进行了检验。首先，本节构造高学历员工占比的变化率（*HPTurnoverrate*），即（*t*-1 期高学历员工占比-*t* 期高学历员工占比）/（*t*-1 期高学历员工占比），并用该连续变量替代原有虚拟变量进行检验；其次，本节将原有的模型（5-2）由 Probit 回归替换为线性概率模型（LPM）回归，以检验结果的稳健性。

表 5-11 报告了对主回归变量和模型稳健性检验的回归结果。由此可以看出，高学历员工占比的离职率在财务报告舞弊被揭发后也显著增加。此外，在 LPM 回归下，本章的主回归结果依然成立，证明了该结果具有一定的稳健性。

表 5-11　稳健性检验：连续因变量及线性概率模型

变量名称	连续因变量	LPM 回归	LPM 回归
	HPTurnoverrate （1）	*HTurnover* （2）	*HPTurnover* （3）
Fraud （财务报告舞弊）	0.033 ** （2.193）	0.032 *** （3.867）	0.034 *** （3.892）
Size （企业规模）	0.013 * （1.651）	−0.027 *** （−5.117）	−0.017 *** （−3.153）
Lev （企业负债率）	−0.011 （−0.236）	0.052 * （1.894）	0.042 （1.587）
ROA （总资产收益率）	−0.025 （−0.192）	−0.920 *** （−13.423）	−0.246 *** （−3.390）
BTM （账面市值比）	−0.022 （−0.529）	0.067 *** （2.639）	0.023 （0.898）
Salesgrowth （营业收入增长率）	−0.114 *** （−3.942）	−0.091 *** （−13.107）	0.017 ** （2.040）
SOE （产权性质）	−0.057 *** （−2.668）	−0.013 （−1.050）	−0.050 *** （−4.348）
Twoinone （管理者两职合一）	−0.022 （−1.159）	−0.013 （−1.258）	−0.005 （−0.452）
Inddirector （独立董事占比）	0.167 （1.233）	0.144 * （1.755）	0.186 ** （2.262）

续表

变量名称	连续因变量	LPM 回归	LPM 回归
	HPTurnoverrate （1）	*HTurnover* （2）	*HPTurnover* （3）
H5hold （股权集中度）	-0.038 （-0.583）	-0.048 （-1.176）	-0.043 （-1.030）
Managerhold （管理层持股）	0.000 （0.315）	-0.002*** （-2.815）	0.001* （1.766）
截距项	-0.452*** （-2.790）	0.616*** （5.558）	0.357*** （3.257）
年度固定效应	控制	控制	控制
行业固定效应	控制	控制	控制
样本量	18821	22002	22002
R^2	0.019	0.112	0.052
F 值	4.23***	84.76***	144.80***

注：本表报告了财务报告舞弊曝光与人力资本损害的变量和模型稳健性检验结果。第（1）列的因变量为高学历员工占比的变化率（*HPTurnoverrate*），第（2）（3）列的因变量为高学历员工离职虚拟变量（*HTurnover* 和 *HPTurnover*）。关键自变量为财务报告舞弊（*Fraud*）。第（2）（3）列采用线性概率模型（LPM）进行回归。本书对连续变量在 1% 和 99% 水平上进行了 Winsorized 处理。第（1）列为 OLS 回归、第（2）（3）列为 LPM 回归，均报告模型的 R^2 和 F 值。括号中报告的是 t 值。*、**、*** 分别表示回归系数在 10%、5%、1% 的置信水平下显著。变量定义见表 5-2。

七、平行趋势检验：财务报告舞弊曝光的动态分析

本节进行了平行趋势检验，以考察财务报告舞弊曝光对企业雇佣行为的动态影响。具体地，本节构造财务报告舞弊曝光前一年变量（$Fraud^{t-1}$）与财务报告舞弊曝光后一年变量（$Fraud^{t+1}$），连同原本的财务报告舞弊曝光当年变量（*Fraud*）一起，放入模型（5-2）和模型（5-3）进行回归。

表 5-12 报告了平行趋势检验的回归结果。由此可以看出，在舞弊曝光前，企业的（高学历）员工离职情况和员工薪酬均没有显著变化，而在舞弊曝光当年及曝光后一年，（高学历）员工离职率显著增加、员工薪酬显著下降。因此，进一步证明企业人力资本的损害是由财务报告舞弊曝光带来的。

表 5-12　平行趋势检验：财务报告舞弊曝光的动态分析

变量名称	Turnover (1)	HTurnover (2)	HPTurnover (3)	LnPay (4)
$Fraud^{t-1}$ （舞弊曝光前一年）	0.012 (0.330)	0.044 (1.113)	0.027 (0.723)	−0.008 (−0.597)
$Fraud$ （舞弊曝光当年）	0.043* (1.698)	0.088*** (3.214)	0.095*** (3.645)	−0.022*** (−2.696)
$Fraud^{t+1}$ （舞弊曝光后一年）	0.155*** (4.390)	0.087** (2.273)	0.042 (1.159)	−0.019 (−1.508)
$Size$ （企业规模）	−0.111*** (−6.283)	−0.102*** (−5.549)	−0.055*** (−3.308)	0.108*** (11.917)
Lev （企业负债率）	0.211** (2.404)	0.225** (2.450)	0.132 (1.622)	−0.206*** (−4.774)
ROA （总资产收益率）	−2.704*** (−10.556)	−2.520*** (−11.305)	−0.668*** (−3.306)	−0.224** (−2.538)
BTM （账面市值比）	0.286*** (3.497)	0.291*** (3.368)	0.083 (1.069)	−0.308*** (−7.879)
$Salesgrowth$ （营业收入增长率）	−0.426*** (−9.429)	−0.404*** (−9.064)	0.051** (2.115)	0.016 (1.610)
SOE （产权性质）	0.169*** (4.655)	−0.040 (−1.012)	−0.156*** (−4.325)	0.142*** (7.060)
$Twoinone$ （管理者两职合一）	−0.045 (−1.367)	−0.043 (−1.296)	−0.017 (−0.537)	0.001 (0.082)
$Inddirector$ （独立董事占比）	0.143 (0.568)	0.445* (1.681)	0.559** (2.308)	0.241* (1.875)
$H5hold$ （股权集中度）	−0.099 (−0.713)	−0.180 (−1.299)	−0.134 (−1.023)	0.122* (1.668)
$Managerhold$ （管理层持股）	−0.016*** (−7.662)	−0.006*** (−2.776)	0.004* (1.732)	0.002 (1.499)
截距项	2.118*** (5.839)	−4.173*** (−10.510)	−4.569*** (−13.724)	−0.624*** (−3.158)
年度固定效应	控制	控制	控制	控制
行业固定效应	控制	控制	控制	控制
样本量	22002	22002	22002	21909
伪 R^2/R^2	0.091	0.113	0.059	0.326

续表

变量名称	Turnover (1)	HTurnover (2)	HPTurnover (3)	LnPay (4)
Wald chi2 值/F 值	847.77 ***	1690.83 ***	29130.93 ***	125.01 ***

注：本表报告了财务报告舞弊曝光与人力资本损害的平行趋势检验结果。因变量包括全体员工离职（Turnover）、高学历员工离职（HTurnover）、员工薪酬（LnPay）。关键自变量为舞弊曝光前一年（$Fraud^{t-1}$）、舞弊曝光（Fraud）、舞弊曝光后一年（$Fraud^{t+1}$）。本书对连续变量在 1% 和 99% 水平上进行了 Winsorized 处理。第（1）（2）（3）列为 Probit 回归，报告模型的伪 R^2 和 Wald chi2 值；第（4）列为 OLS 回归，报告模型的 R^2 和 F 值。括号中报告的是 z 值（Probit 回归）或 t 值（OLS 回归）。*、**、*** 分别表示回归系数在 10%、5%、1% 的置信水平下显著。变量定义见表 5-2。

第六节　研究结论

本章的研究问题是财务报告舞弊曝光对企业人力资本的损害。本章的研究假设认为，财务报告舞弊曝光会损害企业人力资本，具体表现为：①增加员工离职率，特别是增加高学历员工离职率；②降低员工薪酬水平。以我国 2011~2019 年 A 股上市公司为样本，本章考察财务报告舞弊曝光对企业人力资本（员工离职和员工薪酬）的影响。本章研究发现，财务报告舞弊的曝光对企业人力资本造成了一定的损害。在企业因财务报告舞弊被处罚后，全体员工离职的概率增加，高学历员工离职的概率增加，以及高学历员工占总员工人数的比例有所下降。并且，财务报告舞弊的这一效应对于高学历员工比全体员工更为显著。此外，在财务报告舞弊被处罚后，员工的薪酬水平有所下降。

通过横截面分析发现，只有在集中度较低、竞争较为激烈的行业中，财务报告舞弊曝光对企业中高学历员工占比减少和员工薪酬减少的影响才是显著的，因为此时高学历员工在同行业中的工作机会更多、跳槽成功的概率更高。另外，本章通过经济后果检验发现，财务报告舞弊曝光一方面通过影响企业中高学历员工离职率，进而影响了企业生产率。由于财务报告舞弊的曝光增加了高学历员工的离职，企业人力资本发生变化，因此对企业生产率产生了负面影响。另一方面财务报告舞弊曝光通过影响员工薪酬水平，进而影响了企业的创新产出。舞弊事发带来了员工薪酬水平的降低，使员工的工作积极性受到影响，因此对企业创新也带来了负面影响，具体表现为专利申请的减少。此外，本章的主回归结果在控制高管变更的影响、替换因变量和回归模型以及平行趋势检验后依然成立，具有一定稳健性。

本章的研究贡献有以下三个方面：首先，丰富了财务报告舞弊的经济后果的研究，尤其是劳动力市场的经济后果。现有研究主要集中于对高管的考察，而本章考察了企业中的普通员工和高学历员工，研究发现人力资本损害是财务报告舞弊在劳动力市场的一大经济后果，具体表现为员工离职率尤其是高学历员工离职率增加，以及员工薪酬水平降低。其次，对劳动力市场中的普通员工离职和薪酬问题进行研究，拓展了"会计与劳动力市场"方向的研究。本章从财务报告舞弊的角度，研究发现财务报告舞弊是影响高学历员工离职和员工薪酬的一个重要因素。因此，本章为"会计与劳动力市场"研究领域做出了一定贡献。最后，丰富了对不同层次人力资本的研究。本章发现，企业高学历员工和全体员工在财务报告舞弊曝光后的反应程度不同，高学历员工对舞弊更加敏感，深化了我们对高学历人力资本的知识和能力的认识。

第六章　企业人力资本与
财务报告舞弊防范

第一节　概述

近20年来，我国上市公司员工雇佣规模逐步增长、高学历员工比例逐渐上升，员工薪酬也日益增加，人力资本对企业的发展起到了越来越重要的作用。然而，由本书第三章的描述性统计分析可知，不同企业的员工雇佣情况具有很大差异。例如，在雇佣规模方面，金融业和采矿业企业的员工雇佣规模相对较大，而居民服务、修理和其他服务业、科学研究和技术服务业、水利、环境和公共设施管理业等企业员工雇佣规模则相对较小（见本书第三章的表3-4）。在员工学历结构方面，金融业企业员工中的高学历员工最多，而住宿和餐饮业中，只有极少数员工具有本科及以上学历（见本书第三章的表3-7）。在薪酬方面，金融业企业员工平均薪酬极高，而住宿和餐饮业、农林牧渔业、制造业等行业的员工薪酬水平则相对较低（见本书第三章的表3-9）。综上所述，我国上市公司在员工学历构成和员工薪酬上具有差异化的特点，因而形成了不同的人力资本水平。

现有研究认为，财务报告舞弊的影响因素主要有资本市场动机、契约动机、内部监督与治理、外部监督、个人特质和社会文化因素等（Amiram 等，2018）。其中，在内部监督与治理方向，一方面，有研究指出，内部员工能够通过告密/揭发而抑制企业的财务报告舞弊行为（Dyck，2010；Wilde，2017）。另一方面，Call 等（2017）研究发现，员工质量能够影响财务报告质量，因为高质量员工可以提供高质量的信息输入，并识别出异常和错误的交易。因此，员工被认为是企业内部监督的机制之一。本章的研究问题是：企业人力资本是否以及如何影响其财务报告舞弊行为。本书的第五章已经研究发现，财务报告舞弊的曝光能够损害企业的人力资本，包括（高学历）员工的流失和员工薪酬水平的降低。因此，如果人力资本对企业更为重要，在企业中发挥的作用更大、企业对他们更加依赖，那么人力资本的损害会对企业的经营运作带来更大的影响。因此，企业为挽留人才、减少人力资本流失，可能会减少其财务报告舞弊行为。虽然普通员工可能并不是企业中的决策者和舞弊行为实践者，但决策者（高管）出于维护人力资本的目的，会将人力资本损害纳入决策考虑。具体来说，本章假设，企业人力资本能够抑制企业的财务报告舞弊行为，起到防范舞弊发生的作用。

本章通过对我国 2011~2019 年 A 股上市公司数据研究发现，企业人力资本能够对其财务报告舞弊行为起到防范作用。当企业具有较高的人力资本水平（以高学历尤其是研究生学历员工比例和员工薪酬水平衡量）时，进行财务报告舞弊的可能性更低。此外，为了缓解研究的内生性问题，本章采用各省高校数量和大学毕业生数量占总人口的比例作为企业高学历员工占比的工具变量，进一步验证了人力资本对财务报告舞弊的防范作用。通过横截面分析发现，企业人力资本对财务报告舞弊的防范作用仅在高科技企业中显著，因为高科技企业更重视人力资本，更愿意付出努力去维护人力资本。此外，本章结合第五章的研究结果，计算不同行业对财务报告舞弊的人力资本损害的敏感性，并研究发现企业人力资本（主要是员工薪酬方面）对财务报告舞弊的防范作用在高敏感性行业更为显著，证明企业人力资本对舞弊行为的抑制是源于其对舞弊可能带来的人力资本损害的规避。因此，横截面分析证明了人力资本的声誉效应，与 Call 等（2017）所提出的监督效应有所区分。此外，本章额外控制了高管特征的影响，并使用线性概率模型替换 Probit 模型进行再次检验，证实了主回归结果的稳健性。

与现有研究相比，本章的研究贡献有以下三个：

（1）扩展了对财务报告舞弊的影响因素的研究。现有研究已经确立了员工在企业内部监督中的作用。不同于已有研究，本章研究发现，企业人力资本也是财务报告舞弊的一大影响因素。在高学历员工占比较高和员工薪酬水平较高的企业中，财务报告舞弊事后的劳动力成本更高，因此企业为了规避高额的劳动力成本，会降低财务报告舞弊的可能性。因此，本章丰富了企业内部员工对财务报告舞弊的影响的相关研究。

（2）推进了"会计与劳动力市场"领域的研究。本章结合本书第五章实证研究，对财务报告舞弊与企业员工雇佣之间的关系进行了双向、综合的讨论，发现企业的人力资本能够对财务报告舞弊起到防范作用，员工学历结构和员工薪酬水平不仅在财务报告舞弊事发后受到负面影响，而且也能够影响企业的财务报告舞弊决策。

（3）与本章研究内容最为相近的是 Call 等（2017）。Call 等（2017）利用企业总部所在地区中员工的平均受教育水平来衡量员工质量研究发现，员工质量与财务报告质量之间存在正相关关系，因为高质量员工起到了内部监督的作用，发挥人力资本的监督效应。不同于 Call 等（2017），本章从人力资本的角度出发，发现企业出于维护人力资本、减少人才流失的目的，会减少其财务报告舞弊行为，发挥人力资本的声誉效应。此外，本章使用公司层面的员工学历结构数据构建高学历员工比例变量以衡量公司层面的员工质量，研究设计更为精确和细致。因此，本章与 Call 等（2017）在理论和实证上均有所不同。

第二节　理论推导与研究假设

在劳动力市场的研究中，有学者指出，劳动力调整成本是市场中的一大重要摩擦（Pfann 和 Palm，1993；Hamermesh，1989，1995；Manning，2006；Dube 等，2010）。Oi（1962）提出，当企业进行劳动力需求调整时，劳动力是产生调整成本的一项准固定（quasi-fixed）因素。劳动力调整成本通常包括解雇成本（如遣散费和诉讼费）、招聘成本（如广告费、筛选与面试费）和训练成本等，而且还会带来企业的生产力损失（如上级与下属的沟通失败）。当发生员工离职时，企业由于人才流失而承担的职位空缺成本、新员工上岗适应期间的低效率成本等间接成本都显著降低了企业的经营效率，而员工离职带来的直接成本最少为流失员工年薪的 1/4（秦江萍和谢江桦，2004），最大则为流失员工年薪的 2~3 倍（Philips，1990）。

此外，劳动力调整成本还会随着员工技能等级的提高而提高（Shapiro，1986；Belo 等，2017）。例如，高技能的工作通常需要对新员工进行复杂任务的高级训练，而这一训练通常是很昂贵的；高技能员工的流失（辞职或解雇）还将令企业面临高额的遣散费或诉讼案件。高技能员工在劳动力市场中的供给通常也较少（Manning，2003；Dolfin，2006；Blatter 等，2012）。因此，企业调整和替换高技能员工的难度更大、花费时间更长，对生产率也会带来更大的负面影响（Oi，1962）。

综上所述，劳动力调整成本，尤其是高技能员工调整成本的存在，使企业会尽可能留住现有员工、降低人员流动率（Oi，1962；Dixit，1997）。员工流动率的降低能够减少企业的招聘成本和培训成本等雇佣支出，能够帮助提升企业绩效（程德俊和赵曙明，2006；曾庆生和陈信元，2006）、提高未来会计业绩（步丹璐和白晓丹，2013）。高技能员工的存在还能够影响企业现金持有决策。Ghaly 等（2017）实证研究发现，当企业中拥有较高比例的高技能员工时，企业在面对外部现金流冲击时调整员工雇佣的自由度会下降，因此会选择持有更多预防性现金。

在本书第五章的研究中已经发现，财务报告舞弊曝光能够损害企业的人力资本，包括高学历员工流失和员工薪酬水平下降。因此，如果人力资本对企业更为重要，在企业中发挥的作用更大、企业对他们更加依赖，那么人力资本的损害会对企业的经营运作带来更大的负面影响，企业的劳动力调整成本更高，尤其是高额的高学历员工调整成本。因此，基于第五章的研究发现，本章以高学历员工占比和员工薪酬水平作为人力资本的衡量并假设，在人力资本水平更高的企业中，企业为挽留人才、减少人力资本流失，并降低劳动力调整成本，会减少其财务报告舞弊行为。虽然普通员工可能并不是企业中的决策者和舞弊行为实践者，但决策者（高管）出于维护人力资本的目的，会将人力资本损害纳入决策考虑。具体来说，如果企业员工中存在较高比例的高学历员工以及具有较高的薪酬水平，企业进行财务报告舞弊的劳动力经济后果更加严重，因此，企业会减少其财务报告舞弊行为。

虽然此前 Call 等（2017）已经提供了实证证据表明，员工质量越高，企业的财务报告质量越高。但是，Call 等（2017）认为，其内在机制是高质量员工为企业提供了高质量的信息输入，并且能识别出异常和错误的交易，从而起到了内部监督的作用，即人力资本存在监督效应。而本章强调的是企业对于人力资本的维护和挽留。本章认为，具有优质人力资本的企业为了规避财务报告舞弊带来的人力资本流失，从而选择不进行舞弊，即人力资本抑制了企业的舞弊行为、起到防范舞弊发生的作用。从而，提出人力资本的声誉效应。基于以上分析，本章提出如下研究假设：

假设6-1：企业中高学历员工占比越高，财务报告舞弊的可能性越低。

假设6-2：企业中员工薪酬水平越高，财务报告舞弊的可能性越低。

第三节　研究设计

一、样本选择与数据来源

本章的研究样本是2011~2019年的中国A股上市公司。样本的期间选取从2011年开始，是由于企业员工雇佣数据，尤其是员工学历数据的可获得性。该数据在Wind数据库中从2011年开始有记录。样本的期间截止到2019年，是笔者成稿时可获得的较为完整的最新数据年份。样本数据来源包括CSMAR数据库、Wind数据库、RESSET数据库以及CNRDS数据库。本章的财务报表数据、员工人数、员工薪酬、财务报告舞弊等数据来自CSMAR数据库，员工学历数据来自Wind数据库，影响财务报告舞弊的相关控制变量所用财务数据与股票市场数据来自RESSET数据库，其他企业信息来自CNRDS数据库。

本章的样本期间是2011~2019年。对于原始数据，本章进行以下四项处理：①剔除金融行业公司；②剔除被列为"ST"的公司；③剔除主要自变量与控制变量缺失的观测；④对连续变量在1%和99%水平上进行Winsorized处理。表6-1列示了本章的样本筛选过程，最终样本数为22189个公司—年观测，来自3392家不同的公司。

表 6-1　样本筛选过程

样本	剔除样本	保留样本
2011~2019 年的 A 股公司一年观测	—	27723
剔除金融行业公司	747	26976
剔除被列为"ST"的公司	1284	25692
剔除主要自变量缺失的观测	2533	23159
剔除相关控制变量缺失的观测	970	22189

二、变量与模型设计

为了验证本章的研究假设，即企业人力资本（高学历员工占比和员工薪酬）对财务报告舞弊的防范作用，本章构建了以下回归模型（6-1）和模型（6-2）进行检验：

$$Fraud = \alpha_0 + \alpha_1 \times Highedupercent + \sum \alpha_i \times Controls + Year + Industry + \varepsilon \tag{6-1}$$

$$Fraud = \beta_0 + \beta_1 \times LnPay + \sum \beta_i \times Controls + Year + Industry + \varepsilon \tag{6-2}$$

在模型（6-1）和模型（6-2）中，因变量 $Fraud$ 为企业财务报告舞弊，是企业当年是否因舞弊被监管机构（交易所、证监会、财政部等）处罚的虚拟变量，当企业因舞弊被处罚时等于 1，否则等于 0。本书定义的舞弊类型包括虚构利润、虚列资产、虚假记载（误导性陈述）、重大遗漏、会计处理不当等。

在模型（6-1）中，本章所关注的自变量为高学历（本科、研究生及以上学历）员工占总员工人数比例（$Highedupercent$），即 t 期高学历员工人数/t 期员工人数。本章还进一步构建了研究生学历员工比例（$Masterpercent$）和本科学历员工比例（$Bachelorpercent$），其计算公式分别为 t 期研究生及以上学历员工人数/t 期员工人数、t 期本科学历员工人数/t 期员工人数。模型（6-2）中，本章所关注的自变量为员工薪酬（Pay）的自然对数（$LnPay$），员工薪酬的计算公式为（t 期支付给员工的薪酬−t 期支付给高管的薪酬+t 期应付职工薪酬−t−1 期应付职工薪酬）/（公司总人数−高管人数）。

此外，$Controls$ 为影响财务报告舞弊发生概率的变量。本章控制了企业的基本特征，包括以下五个：①企业规模（$Size$），即企业总资产金额的自然对数；

②企业负债率（*Lev*），即企业总负债金额与总资产金额的比值；③总资产收益率（*ROA*），即企业净利润与总资产的比值；④账面市值比（*BTM*），即企业账面所有者权益与市值的比值。本章还结合本书第五章中对舞弊企业和非舞弊企业的熵平衡匹配，控制了钱苹和罗玫（2015）的中国上市公司财务造假预测模型（*Cscore*）中的舞弊预测指标，包括以下九个：①总应计项（*Tata*），即应计项与总资产的比值；②现金销售率（*Ch_cs*），计算公式为（*t* 期营业收入−*t* 期应收账款+*t*−1 期应收账款）/*t* 期营业收入；③其他应收款比例（*Otherrec*），即其他应收款与总资产的比值；④企业当期是否亏损虚拟变量（*Loss*），当企业扣除非经常性损益后的净资产收益率小于 0 时等于 1，否则等于 0；⑤股票月换手率波动率（*Sd_vol*），即股票月均换手率的连续 12 个月的标准差；⑥股权集中度（*H5hold*），以前五大股东持股比例平方和来衡量；⑦机构投资者持股比例（*Institu*），即机构投资者年均持股数与总股数的比值；⑧企业当期是否再融资虚拟变量（*Issue*），当企业有股权或债券融资时等于 1，否则等于 0；⑨股市周期（*Stkcyc*），当年股市为熊市时等于 1，否则等于 0。熊市（牛市）即当年总市值加权平均年收益率小于 0（大于 0）。

另外，本章还控制了年份固定效应（*Year*）和行业固定效应（*Industry*），以便排除宏观经济因素和不随时间变化的行业遗漏特征的影响，从而更好地识别出企业人力资本对财务报告舞弊的影响。其中，行业（制造业除外）按 2012 年版证监会行业分类标准的第一位代码设置虚拟变量，制造业细分至第二位代码。模型（6-1）和模型（6-2）的因变量为虚拟变量，因此本章采用 Probit 模型进行估计。对于回归模型残差，本章在企业层面进行了聚类处理。

本章预期模型（6-1）和模型（6-2）中系数 α_1 和 β_1 的符号为负，即高学历员工占比越高、员工薪酬水平越高，企业财务报告舞弊的概率就越低。表 6-2 列示了本章回归模型中所包含的全部变量的定义。

表 6-2 变量定义

变量名称	变量符号	变量定义
因变量		
财务报告舞弊	*Fraud*	当企业因舞弊被监管机构处罚时等于 1，否则等于 0

续表

变量名称	变量符号	变量定义
自变量		
高学历员工占比	Highedupercent	t 期高学历员工人数/t 期员工人数
研究生学历员工占比	Masterpercent	t 期研究生及以上学历员工人数/t 期员工人数
本科学历员工占比	Bachelorpercent	t 期本科学历员工人数/t 期员工人数
员工薪酬	LnPay	员工薪酬（Pay）的自然对数，其中员工薪酬=（t 期支付给员工的薪酬-t 期支付给高管的薪酬+t 期应付职工薪酬-t-1 期应付职工薪酬）/（公司总人数-高管人数）
当地高校数量	Uninum	省份高校数量/该省总人口
当地毕业大学生数量	Gradnum	省份毕业大学生数量/该省份总人口
控制变量		
企业规模	Size	总资产金额的自然对数
企业负债率	Lev	总负债金额/总资产金额
总资产收益率	ROA	净利润/总资产
账面市值比	BTM	账面所有者权益/市值
总应计项	Tata	应计项/总资产
现金销售率	Ch_cs	（t 期营业收入-t 期应收账款+t-1 期应收账款）/t 期营业收入
其他应收款比例	Otherrec	其他应收款/总资产
是否亏损	Loss	当企业扣除非经常性损益后的净资产收益率小于 0 时等于 1，否则等于 0
股票月换手率波动率	Sd_vol	股票月均换手率的连续 12 个月的标准差
股权集中度	H5hold	前五大股东持股比例平方和
机构投资者持股比例	Institu	机构投资者年均持股数/总股数
是否再融资	Issue	当企业有股权或债券融资时等于 1，否则等于 0
股市周期	Stkcyc	当年股市为熊市时等于 1，否则等于 0。熊市（牛市）即当年总市值加权平均年收益率小于 0（大于 0）
高管平均年龄	Lnmeanage	董监高的平均年龄取自然对数
女性高管比例	Femalepercent	董监高中女性的人数占比
具有海外背景高管比例	Overseabackpercent	董监高中具有海外背景的人数占比
具有金融背景高管比例	Finbackpercent	董监高中具有金融背景的人数占比
高学历高管比例	Highedubackpercent	董监高中具有本科及以上学历的人数占比

第四节　描述性统计

表6-3是本章回归模型中所涉及的主要变量的描述性统计。样本规模为22189个公司一年观测。从表6-3可以看出，发生财务报告舞弊（即*Fraud*=1）的样本观测占15.4%，与本书第五章中的水平保持一致。此外，高学历（本科、研究生及以上学历）员工在企业中的占比（*Highedupercent*）平均为25.3%，其中硕士及以上学历员工占比（*Masterpercent*）约3.1%，本科学历员工占比（*Bachelorpercent*）约22.1%。因此，企业中1/4的人力资源构成为高学历员工，其在企业中具有不可或缺的地位。员工薪酬（*Pay*）的平均水平为11.97万元，中位数为9.95万元。

表6-3　主要变量描述性统计

变量名称	样本量	均值	25%分位数	中位数	75%分位数	标准差
Fraud （财务报告舞弊）	22189	0.154	0.000	0.000	0.000	0.361
Highedupercent （高学历员工占比）	22189	0.253	0.099	0.196	0.360	0.209
Masterpercent （研究生学历员工占比）	22189	0.031	0.000	0.013	0.039	0.047
Bachelorpercent （本科生学历员工占比）	22189	0.221	0.092	0.179	0.316	0.176
Pay （员工薪酬）	22189	11.970	7.292	9.948	14.020	7.906
LnPay （员工薪酬）	22189	2.331	1.987	2.297	2.640	0.530
Size （企业规模）	22189	22.190	21.260	22.020	22.920	1.307
Lev （企业负债率）	22189	0.430	0.260	0.420	0.584	0.211
ROA （总资产收益率）	22189	0.037	0.014	0.036	0.065	0.064

续表

变量名称	样本量	均值	25%分位数	中位数	75%分位数	标准差
BTM （账面市值比）	22189	0.625	0.436	0.629	0.811	0.245
Institu （机构投资者持股比例）	22189	0.314	0.082	0.250	0.524	0.256
Tata （总应计项）	22189	−0.009	−0.045	−0.008	0.029	0.073
Ch_cs （现金销售率）	22189	0.968	0.941	0.986	1.003	0.092
Otherrec （其他应收款比例）	22189	0.016	0.003	0.008	0.018	0.024
Loss （是否亏损）	22189	0.173	0.000	0.000	0.000	0.378
Sd_vol （股票月换手率波动率）	22189	17.520	7.245	13.430	23.580	14.080
H5hold （股权集中度）	22189	0.163	0.075	0.134	0.223	0.115
Issue （是否再融资）	22189	0.216	0.000	0.000	0.000	0.411
Stkcyc （股市周期）	22189	0.339	0.000	0.000	1.000	0.473

注：本表报告了企业人力资本与财务报告舞弊防范的回归分析所需主要变量的描述性统计结果。变量定义见表6-2。

在控制变量的描述性统计方面，资产规模（*Size*）的均值（中位数）为22.190（22.020），负债率（*Lev*）的均值（中位数）为0.430（0.420），总资产收益率（*ROA*）的均值（中位数）为0.037（0.036），账面市值比（*BTM*）的均值（中位数）为0.625（0.629），均与以往研究及本书第五章中的水平相似。机构投资者在企业中持有（*Institu*）平均约31.4%的股份，前五大股东持股比例平方和（*H5hold*）的均值为0.163，约17.3%的样本观测为亏损企业（*Loss* = 1），在当年进行再融资的样本（*Issue* = 1）平均为21.6%。

表6-4报告了回归模型中的主要因变量和自变量的相关性系数。从表6-4可以看出，财务报告舞弊（*Fraud*）与高学历员工比例（*Highedupercent*）以及研究

生学历员工比例（*Masterpercent*）、本科学历员工比例（*Bachelorpercent*）均呈现出显著负相关关系，并与员工薪酬水平（*LnPay*）也呈现显著负相关关系。除了与本科学历员工比例的关系的显著性稍弱外，其余显著性水平均为1%。这一结果符合本章预期，因此本章将以此为基础，继续进行回归分析以检验相关假设。

表6-4　主要变量相关性分析

变量名称	*Fraud* （财务报告舞弊）	*Highedupercent* （高学历员工占比）	*Masterpercent* （研究生学历员工占比）	*Bachelorpercent* （本科生学历员工占比）	*LnPay* （员工薪酬）
Fraud （财务报告舞弊）	1				
Highedupercent （高学历员工占比）	-0.022***	1			
Masterpercent （研究生学历员工占比）	-0.035***	0.713***	1		
Bachelorpercent （本科生学历员工占比）	-0.015**	0.978***	0.560***	1	
LnPay （员工薪酬）	-0.037***	0.541***	0.446***	0.514***	1

注：本表报告了企业人力资本与财务报告舞弊防范的回归分析所需主要因变量和自变量的相关性分析结果。*、**、***分别表示相关系数在10%、5%、1%的置信水平下显著。变量定义见表6-2。

第五节　实证分析结果

一、主回归

表6-5报告了模型（6-1）与模型（6-2）的回归结果，考察企业人力资本（高学历员工比例和员工薪酬水平）对财务报告舞弊的防范作用。因变量为财务报告舞弊（*Fraud*）。关键自变量为高学历员工比例（*Highedupercent*）、研究生学历员工比例（*Masterpercent*）和本科学历员工比例（*Bachelorpercent*），以及员工薪酬水平（*LnPay*）。

表6-5　企业人力资本与财务报告舞弊防范

变量名称	Fraud（财务报告舞弊）			
	（1）	（2）	（3）	（4）
Highedupercent （高学历员工占比）	-0.120* （-1.777）			
Masterpercent （研究生学历员工占比）		-1.032*** （-3.662）		
Bachelorpercent （本科生学历员工占比）			-0.069 （-0.846）	
LnPay （员工薪酬）				-0.079*** （-2.987）
Size （企业规模）	-0.044*** （-3.090）	-0.040*** （-2.772）	-0.047*** （-3.254）	-0.039*** （-2.662）
Lev （企业负债率）	0.418*** （5.709）	0.407*** （5.567）	0.423*** （5.786）	0.415*** （5.693）
ROA （总资产收益率）	-1.275*** （-5.312）	-1.293*** （-5.392）	-1.265*** （-5.272）	-1.261*** （-5.249）
BTM （账面市值比）	-0.015 （-0.208）	-0.041 （-0.586）	-0.002 （-0.035）	-0.019 （-0.273）
Institu （机构投资者持股比例）	-0.034 （-0.591）	-0.026 （-0.454）	-0.035 （-0.609）	-0.034 （-0.577）
Tata （总应计项）	0.371** （2.072）	0.397** （2.214）	0.355** （1.983）	0.341* （1.901）
Ch_cs （现金销售率）	0.251** （2.019）	0.248** （1.985）	0.256** （2.066）	0.279** （2.245）
Otherrec （其他应收款比例）	2.568*** （5.275）	2.523*** （5.190）	2.575*** （5.292）	2.562*** （5.267）
Loss （是否亏损）	0.178*** （5.526）	0.180*** （5.590）	0.178*** （5.529）	0.178*** （5.546）
Sd_vol （股票月换手率波动率）	0.002*** （2.687）	0.002*** （2.655）	0.002*** （2.717）	0.002*** （2.662）
H5hold （股权集中度）	-0.613*** （-4.840）	-0.625*** （-4.931）	-0.610*** （-4.815）	-0.596*** （-4.717）
Issue （是否再融资）	0.054** （2.037）	0.054** （2.030）	0.055** （2.051）	0.052* （1.944）

变量名称	Fraud（财务报告舞弊）			
	（1）	（2）	（3）	（4）
Stkcyc（股市周期）	-0.353***	-0.352***	-0.346***	-0.387***
	（-6.891）	（-6.974）	（-6.752）	（-7.359）
截距项	0.007	-0.060	0.027	0.010
	（0.021）	（-0.191）	（0.084）	（0.031）
年度固定效应	控制	控制	控制	控制
行业固定效应	控制	控制	控制	控制
样本量	22181	22181	22181	22181
伪 R^2	0.039	0.040	0.039	0.039
Wald chi2 值	720.45***	732.08***	715.93***	725.47***

注：本表报告了企业人力资本与财务报告舞弊防范的回归分析结果。因变量为财务报告舞弊（Fraud）。关键自变量包括高学历员工占比（Highedupercent）、研究生学历员工占比（Masterpercent）、本科生学历员工占比（Bachelorpercent）以及员工薪酬（LnPay）。本书对连续变量在1%和99%水平上进行了Winsorized 处理。对于回归模型残差，本书在企业层面进行了聚类处理。本表全部采用 Probit 回归，报告模型的伪 R^2 和 Wald chi2 值。括号中报告的是 z 值。*、**、*** 分别表示回归系数在10%、5%、1%的置信水平下显著。变量定义见表6-2。

表6-5的第（1）~（3）列为高学历（及研究生学历、本科学历）员工比例与财务报告舞弊的回归结果。高学历员工比例（Highedupercent）的回归系数显著为负（回归系数为-0.120，在10%的置信水平上显著），研究生学历员工比例（Masterpercent）的回归系数也显著为负（回归系数为-1.032，在1%的置信水平上显著），而本科学历员工比例（Bachelorpercent）的回归系数也为负，但是在统计上不显著。因此，这一结果说明，高学历员工比例越高，财务报告舞弊的可能性越低，并且这一效应主要是由研究生及以上学历员工带来的。表6-5的第（4）列报告了员工薪酬水平对财务报告舞弊的影响的回归结果。从结果中可以看出，员工薪酬水平（LnPay）的回归系数显著为负（回归系数为-0.079，在1%的置信水平上显著），表明员工薪酬水平越高，财务报告舞弊的可能性越低。

综上所述，人力资本对企业财务报告舞弊具有防范作用，较高的高学历员工（尤其是研究生学历员工）比例和员工薪酬水平能够降低企业财务报告舞弊的可能性。这一结果符合本章预期。该实证结果也具有经济显著性：高学历员工（研究生学历员工）对财务报告舞弊的平均边际效应约为-3%（-24%），员工薪酬水平对财务报告舞弊的平均边际效应约为-2%。

在控制变量方面，当企业的负债率高、总应计项高、现金销售率高以及其他应收款比例高，而企业的规模小、ROA 低、股权集中度低，并且企业发生亏损、进行股权或债券再融资时，更容易发生财务报告舞弊。

二、工具变量回归

为了缓解研究的内生性问题，本节采用工具变量回归法，进一步验证企业人力资本对财务报告舞弊的防范作用。本节选择各地区高校数量/总人口（*Uninum*）和毕业大学生数量/总人口（*Gradnum*）作为企业高学历员工占比的工具变量。各省的高校数量、毕业大学生数量以及总人口数据来自国家统计局。这两个工具变量能够满足相关性和外生性条件。第一，当一个地区的高校数量或毕业大学生数量相对总人口的比例越高时，该地区的劳动力市场中高学历人才供给会越多。因此，企业中高学历员工占比也可能会更高，符合工具变量的相关性条件。第二，省级的高校数量或毕业大学生数量对企业来讲是相对外生的，企业个体不太可能影响到省级政府对高校的设立决策以及大学生的招生与毕业状况。高校设立与大学生招生主要受教育改革政策的影响，如我国 1999 年开始的高校扩招政策等。因此，符合工具变量的外生性条件。

本节采用两阶段 Probit 回归法进行了工具变量回归。表 6-6 报告了工具变量回归的结果。第（1）（3）列报告了第一阶段的回归结果。可以看出，*Uninum* 和 *Gradnum* 的回归系数均显著为正（回归系数分别为 4.553 和 26.937，在 1% 的置信水平上显著），说明各地区的高校数量或毕业大学生数量相对总人口的比例越高，企业中高学历员工占比也越高。第（2）（4）列报告了第二阶段的回归结果。该结果进一步证明，人力资本对企业财务报告舞弊具有防范作用。高学历员工占比（*Highedupercent*）在这两列的回归系数均显著为负（回归系数分别为 -1.085 和 -0.914，分别在 1% 和 5% 的置信水平上显著）。以上结果表明，在考虑了可能的内生性影响后，本章的主回归结果依然成立——具有优质人力资本的企业会减少其财务报告舞弊行为。

表6-6　工具变量回归

变量名称	Highedupercent（高学历员工占比）(1)	Fraud（财务报告舞弊）(2)	Highedupercent（高学历员工占比）(3)	Fraud（财务报告舞弊）(4)
Uninum（各地区高校数量/总人口）	4.553*** (11.400)			
Gradnum（毕业大学生数量/总人口）			26.937*** (9.689)	
Highedupercent（高学历员工占比）		−1.085*** (−3.152)		−0.914** (−2.200)
Size（企业规模）	0.027*** (8.865)	−0.012 (−0.680)	0.030*** (9.774)	−0.018 (−0.901)
Lev（企业负债率）	−0.064*** (−4.085)	0.337*** (4.224)	−0.071*** (−4.465)	0.351*** (4.256)
ROA（总资产收益率）	−0.118*** (−3.045)	−1.400*** (−5.827)	−0.126*** (−3.240)	−1.381*** (−5.674)
BTM（账面市值比）	−0.161*** (−11.840)	−0.183** (−2.010)	−0.170*** (−12.482)	−0.154 (−1.532)
Institu（机构投资者持股比例）	0.010 (0.947)	−0.025 (−0.432)	0.009 (0.915)	−0.027 (−0.466)
Tata（总应计项）	0.214*** (7.880)	0.600*** (3.081)	0.219*** (8.035)	0.558*** (2.759)
Ch_cs（现金销售率）	−0.111*** (−6.377)	0.139 (1.054)	−0.109*** (−6.166)	0.159 (1.178)
Otherrec（其他应收款比例）	−0.006 (−0.065)	2.502*** (5.025)	0.031 (0.321)	2.521*** (5.080)
Loss（是否亏损）	−0.005 (−0.952)	0.173*** (5.358)	−0.003 (−0.563)	0.174*** (5.398)
Sd_vol（股票月换手率波动率）	−0.000*** (−3.294)	0.002** (2.130)	−0.000*** (−2.864)	0.002** (2.210)
H5hold（股权集中度）	−0.049** (−2.000)	−0.633*** (−5.018)	−0.039 (−1.588)	−0.630*** (−4.990)
Issue（是否再融资）	−0.006** (−2.021)	0.048* (1.791)	−0.006* (−1.756)	0.049* (1.838)
Stkcyc（股市周期）	−0.100*** (−17.302)	−0.446*** (−7.640)	−0.087*** (−14.645)	−0.430*** (−6.851)
截距项	−0.221*** (−3.303)	−0.207 (−0.641)	−0.325*** (−4.831)	−0.175 (−0.537)

续表

变量名称	Highedupercent（高学历员工占比）（1）	Fraud（财务报告舞弊）（2）	Highedupercent（高学历员工占比）（3）	Fraud（财务报告舞弊）（4）
年度固定效应	控制	控制	控制	控制
行业固定效应	控制	控制	控制	控制
样本量	22181	22181	22181	22181
R^2/伪 R^2	0.349	0.040	0.339	0.039
F 值／Wald chi2 值	257.80***	766.69***	249.43***	747.78***

注：本表报告了企业人力资本与财务报告舞弊防范的工具变量回归分析结果。本节选择各地区高校数量/总人口（Uninum）和毕业大学生数量/总人口（Gradnum）作为企业高学历员工占比的工具变量。第（1）（3）列为第一阶段的回归结果，因变量为高学历员工比例（Highedupercent），关键自变量分别为各地区高校数量/总人口（Uninum）和毕业大学生数量/总人口（Gradnum）。第（2）（4）列报告了第二阶段的回归结果。因变量为财务报告舞弊（Fraud），关键自变量为高学历员工比例（Highedupercent）。本书对连续变量在1%和99%水平上进行了 Winsorized 处理。对于回归模型残差，本书在企业层面进行了聚类处理。第（1）（3）列为 OLS 回归，报告模型的 R^2 和 F 值；第（2）（4）列为 Probit 回归，报告模型的伪 R^2 和 Wald chi2 值。括号中报告的是 z 值（Probit 回归）或 t 值（OLS 回归）。*、**、***分别表示回归系数在10%、5%、1%的置信水平下显著。变量定义见表6-2。

三、横截面分析：高科技企业分组回归

由第一节的主回归结果可知，企业人力资本，即高学历员工（尤其是研究生学历员工）比例和员工薪酬水平对企业财务报告舞弊具有防范作用。本节拟进行一个横截面分析，即研究高科技企业与非高科技企业在人力资本的舞弊防范作用上存在的差异，以证明人力资本的声誉效应。在高科技企业中，人力资本是企业的主体，是企业赖以生存和成长发展的支柱。因此，这类企业对人力资本的依赖程度更高。如果高科技企业因财务报告舞弊受到处罚，那么人力资本损害对其经营发展的负面冲击更加剧烈。基于本章的主研究假设，高科技企业挽留人才、减少人才流失的动机会更强，所以本节假设：在高科技企业中，人力资本对企业舞弊行为防范作用会更为显著。而在非高科技企业中，人力资本的重要性相对不高，因此企业愿意为挽留人力资本所做的努力也会相对较少，所以本节预测，在

非高科技企业中，人力资本对企业舞弊行为防范作用会相对较弱。

本节用企业中技术人员占比作为区分高科技企业与非高科技企业的标准。技术人员占比高于（低于）样本中位数的组被认为是高科技企业组（非高科技企业组）。然后，在两个组内分别进行模型（6-1）和模型（6-2）的回归。表6-7报告了按是否高科技企业分组回归的结果。结果表明，人力资本对财务报告舞弊的防范作用仅在高科技企业中有显著影响，而在非高科技企业中的影响不显著。具体来说，高学历员工占比与研究生学历员工占比的系数仅在高科技企业组显著为负（回归系数分别为-0.215和-1.204，分别在5%和1%的置信水平上显著）；员工薪酬水平的系数也仅在高科技企业组显著为负（回归系数为-0.095，在5%的置信水平上显著）。此外，在高学历员工占比作为自变量的分组回归中，高科技与非高科技企业的组间系数差异是显著的（p值=0.018）。上述结果说明，企业人力资本，特别是高学历员工占比，对财务报告舞弊的防范作用在高科技企业中更为显著，因此人力资本的声誉效应成立。

表6-7　高科技企业分组回归

变量名称	Fraud（财务报告舞弊）					
	非高科技（1）	高科技（2）	非高科技（3）	高科技（4）	非高科技（5）	高科技（6）
Highedupercent（高学历员工占比）	0.165 (1.269)	-0.215** (-2.275)				
Masterpercent（研究生学历员工占比）			-0.450 (-0.710)	-1.204*** (-3.513)		
LnPay（员工薪酬）					-0.043 (-1.054)	-0.095** (-2.306)
Size（企业规模）	-0.046** (-2.248)	-0.033 (-1.540)	-0.041** (-2.015)	-0.028 (-1.284)	-0.039* (-1.840)	-0.030 (-1.385)
Lev（企业负债率）	0.489*** (4.773)	0.431*** (3.998)	0.486*** (4.751)	0.421*** (3.906)	0.484*** (4.719)	0.443*** (4.123)
ROA（总资产收益率）	-1.269*** (-3.696)	-0.973*** (-2.823)	-1.290*** (-3.753)	-0.995*** (-2.890)	-1.280*** (-3.717)	-0.939*** (-2.720)
BTM（账面市值比）	-0.032 (-0.323)	-0.080 (-0.744)	-0.052 (-0.532)	-0.111 (-1.038)	-0.053 (-0.544)	-0.066 (-0.623)

续表

变量名称	Fraud（财务报告舞弊）					
	非高科技 （1）	高科技 （2）	非高科技 （3）	高科技 （4）	非高科技 （5）	高科技 （6）
Institu （机构投资者持股比例）	−0.046 （−0.557）	−0.047 （−0.561）	−0.041 （−0.488）	−0.033 （−0.395）	−0.041 （−0.491）	−0.048 （−0.568）
Tata （总应计项）	0.086 （0.332）	0.487* （1.796）	0.129 （0.497）	0.514* （1.895）	0.114 （0.440）	0.414 （1.522）
Ch_cs （现金销售率）	0.235 （1.095）	0.256 （1.581）	0.226 （1.048）	0.257 （1.583）	0.236 （1.091）	0.298* （1.837）
Otherrec （其他应收款比例）	2.112*** （3.101）	2.986*** （3.849）	2.131*** （3.126）	2.872*** （3.728）	2.119*** （3.109）	2.999*** （3.884）
Loss （是否亏损）	0.161*** （3.512）	0.236*** （4.978）	0.161*** （3.523）	0.239*** （5.058）	0.162*** （3.532）	0.233*** （4.935）
Sd_vol （股票月换手率波动率）	0.002 （1.496）	0.002** （1.985）	0.002 （1.436）	0.002** （1.978）	0.002 （1.425）	0.002** （1.984）
H5hold （股权集中度）	−0.685*** （−3.910）	−0.577*** （−3.118）	−0.683*** （−3.920）	−0.585*** （−3.161）	−0.668*** （−3.828）	−0.549*** （−2.968）
Issue （是否再融资）	0.073* （1.811）	0.048 （1.265）	0.073* （1.819）	0.049 （1.288）	0.071* （1.779）	0.046 （1.222）
Stkcyc （股市周期）	−0.301*** （−4.033）	−0.372*** （−4.735）	−0.318*** （−4.298）	−0.368*** （−4.714）	−0.340*** （−4.377）	−0.406*** （−5.022）
截距项	0.090 （0.191）	−0.289 （−0.618）	0.034 （0.072）	−0.393 （−0.838）	0.044 （0.095）	−0.245 （−0.523）
p 值（非高科技=高科技）	0.018		0.295		0.372	
年度固定效应	控制	控制	控制	控制	控制	控制
行业固定效应	控制	控制	控制	控制	控制	控制
样本量	10492	10476	10492	10476	10492	10476
伪 R^2	0.042	0.040	0.042	0.041	0.042	0.040
Wald chi2 值	337.45***	359.76***	341.17***	365.67***	337.94***	358.30***

注：本表报告了企业人力资本与财务报告舞弊防范在是否高科技企业分组下的回归分析结果。本节按技术人员占比将样本分为非高科技企业组与高科技企业组，然后在两个组内分别进行回归。因变量为财务报告舞弊（*Fraud*）。关键自变量包括高学历员工比例（*Highedupercent*）、研究生学历员工比例（*Masterpercent*）以及员工薪酬（*LnPay*）。本书对连续变量在1%和99%水平上进行了 Winsorized 处理。对于回归模型残差，本书在企业层面进行了聚类处理。本表全部采用 Probit 回归，报告模型的伪 R^2 和 Wald chi2 值。括号中报告的是 z 值。*、**、***分别表示回归系数在10%、5%、1%的置信水平下显著。变量定义见表6-2。

四、横截面分析：行业敏感性分组回归

本节拟基于本书第五章的研究发现进行横截面分析，即研究企业人力资本对财务报告舞弊的防范作用在不同敏感性的行业上的差异，以证明人力资本的声誉效应。由第五章可知，财务报告舞弊的曝光会损害企业人力资本。本节从第五章的这一主结果出发，进一步提取出不同行业的回归系数，作为该行业对舞弊曝光的人力资本损害效应的敏感性。本节预测，在敏感性更高的行业中，舞弊事发后的人力资本损害更大、企业的劳动力成本更高，因此企业规避人力资本损害的动机更强，人力资本对舞弊的防范作用将会更显著；而在敏感性比较低的行业中，企业在舞弊事发后经受的人力资本损害相对较轻，因此规避人力资本损害的动机较弱，人力资本的舞弊防范作用较弱或者不显著。

综上所述，本节认为，企业人力资本对舞弊行为的防范作用是源于企业对舞弊曝光可能造成的人力资本损害的规避。具体来说，本节基于第五章的模型（5-2）与模型（5-3），加入行业固定效应与舞弊变量的交互项，构建如下模型（6-3）与模型（6-4）以提取不同行业对舞弊曝光的人力资本损害效应的敏感性系数：

$$HPTurnover = \beta_0 + \beta_1 \times Fraud + \sum \beta_i \times Controls + Year + Industry + \sum \beta_j \times Fraud \times Industry + \varepsilon$$

$$\tag{6-3}$$

$$LnPay = \gamma_0 + \gamma_1 \times Fraud + \sum \gamma_i \times Controls + Year + Industry + \sum \gamma_j \times Fraud \times Industry + \varepsilon$$

$$\tag{6-4}$$

在模型（6-3）中，财务报告舞弊对高学历员工离职的影响的行业敏感性系数为 $\beta_1 + \beta_j$，该系数越大，说明越敏感；在模型（6-4）中，财务报告舞弊对员工薪酬的影响的行业敏感性系数为 $\gamma_1 + \gamma_j$，该系数越小，说明越敏感。表6-8报告了财务报告舞弊曝光的人力资本损害行业敏感性排序统计结果。高学历员工离职敏感性排序越往后，表示敏感性越强；员工薪酬下降敏感性排序越往后，表示敏感性越弱。从排序中可以看出，教育行业对舞弊事发后人力资本损害的敏感性最高，同时体现在高学历员工离职和员工薪酬下降两个方面。而卫生和社会工作行业以及租赁和商务服务业的敏感性很低，企业在财务报告舞弊事发后的人力资本损害较小。

表6-8 财务报告舞弊曝光的人力资本损害行业敏感性排序

行业	高学历员工离职敏感性排序	员工薪酬下降敏感性排序
农、林、牧、渔业	18.5	4
采矿业	6	8
C1制造业（食品、纺织、皮革等）	16	11
C2制造业（家具、印刷、医药、化学等）	10	12
C3制造业（金属冶炼、运输、电子等）	7	10
C4制造业（仪器仪表、设备、其他等）	2	5
电力、热力、燃气及水生产和供应业	4	9
建筑业	12	19
批发和零售业	13	7
交通运输、仓储和邮政业	11	13
住宿和餐饮业	17	3
信息传输、软件和信息技术服务业	3	17
房地产业	15	14
租赁和商务服务业	9	21
科学研究和技术服务业	20	6
水利、环境和公共设施管理业	14	18
居民服务、修理和其他服务业	18.5	1
教育	21	2
卫生和社会工作	1	16
文化、体育和娱乐业	5	15
综合	8	20

进一步地，本节将样本按人力资本损害的行业敏感性系数的中位数分为两组，即低敏感性组与高敏感性组，然后在两个组内分别进行模型（6-1）和模型（6-2）的回归。[①] 表6-9报告了按行业敏感性分组回归的结果。从第（1）至第（4）列的结果可以看出，高学历员工比例对财务报告舞弊的防范作用在不同行业之间的差异并不显著。而第（5）（6）列的结果表明，员工薪酬水平对财务报

---

① 在模型（6-1）的分组回归中，本书使用高学历员工离职的行业敏感性系数作为分组变量；在模型（6-2）的分组回归中，本书使用员工薪酬下降的行业敏感性系数作为分组变量。第七章的行业敏感性分组回归同理。

告舞弊的防范作用在高敏感性行业显著更强（回归系数为−0.172，在1%的置信水平上显著），在低敏感性行业则不显著。此外，低敏感组与高敏感组的回归系数差异是显著的（p值=0.002）。上述结果为本节的预测提供了一定的证据支持，即人力资本对财务报告舞弊的防范作用在不同敏感程度的行业间存在差异，具体表现在员工薪酬水平的舞弊防范作用在高敏感性行业更加显著，而在低敏感性行业不甚显著。因此，本节的结果发现，企业人力资本对舞弊行为的防范作用是源于其对舞弊曝光可能带来的人力资本损害的规避，因此人力资本的声誉效应成立。

表6-9　财务报告舞弊曝光的人力资本损害效应的行业敏感性分组回归

变量名称	Fraud（财务报告舞弊）					
	低敏感 （1）	高敏感 （2）	低敏感 （3）	高敏感 （4）	低敏感 （5）	高敏感 （6）
Highedupercent （高学历员工占比）	−0.113 （−1.290）	−0.150 （−1.408）				
Masterpercent （研究生学历员工占比）			−1.192 *** （−3.361）	−0.826 * （−1.764）		
LnPay （员工薪酬）					−0.002 （−0.061）	−0.172 *** （−4.325）
Size （企业规模）	−0.021 （−1.054）	−0.071 *** （−3.347）	−0.012 （−0.597）	−0.070 *** （−3.344）	−0.049 ** （−2.335）	−0.026 （−1.319）
Lev （企业负债率）	0.334 *** （3.522）	0.521 *** （4.557）	0.313 *** （3.301）	0.517 *** （4.536）	0.417 *** （4.004）	0.409 *** （4.013）
ROA （总资产收益率）	−1.452 *** （−4.566）	−1.013 *** （−2.655）	−1.500 *** （−4.720）	−1.009 *** （−2.642）	−1.016 *** （−3.093）	−1.574 *** （−4.485）
BTM （账面市值比）	−0.063 （−0.619）	0.039 （0.387）	−0.113 （−1.117）	0.035 （0.349）	0.060 （0.601）	−0.085 （−0.858）
Institu （机构投资者持股比例）	−0.081 （−1.015）	0.024 （0.281）	−0.068 （−0.844）	0.026 （0.299）	−0.096 （−1.146）	0.038 （0.469）
Tata （总应计项）	0.511 * （1.949）	0.246 （1.006）	0.563 ** （2.149）	0.249 （1.013）	0.120 （0.494）	0.649 ** （2.437）
Ch_cs （现金销售率）	0.339 ** （2.220）	0.088 （0.402）	0.336 ** （2.194）	0.088 （0.399）	0.190 （1.009）	0.364 ** （2.183）

变量名称	Fraud（财务报告舞弊）					
	低敏感 （1）	高敏感 （2）	低敏感 （3）	高敏感 （4）	低敏感 （5）	高敏感 （6）
Otherrec （其他应收款比例）	3.166*** (4.068)	2.187*** (3.458)	3.100*** (3.992)	2.162*** (3.420)	2.092*** (3.311)	3.522*** (4.659)
Loss （是否亏损）	0.163*** (3.755)	0.189*** (3.927)	0.165*** (3.795)	0.191*** (3.963)	0.213*** (4.346)	0.145*** (3.422)
Sd_vol （股票月换手率波动率）	0.002* (1.653)	0.003** (2.188)	0.002 (1.603)	0.003** (2.190)	0.001 (0.968)	0.003*** (2.854)
H5hold （股权集中度）	−0.690*** (−3.989)	−0.516*** (−2.796)	−0.702*** (−4.058)	−0.526*** (−2.839)	−0.591*** (−3.176)	−0.559*** (−3.254)
Issue （是否再融资）	0.066* (1.794)	0.043 (1.110)	0.065* (1.752)	0.044 (1.140)	0.048 (1.278)	0.056 (1.472)
Stkcyc （股市周期）	−0.334*** (−4.791)	−0.367*** (−4.847)	−0.334*** (−4.867)	−0.364*** (−4.827)	−0.381*** (−5.095)	−0.405*** (−5.464)
截距项	−0.717 (−1.620)	0.602 (1.282)	−0.852* (−1.927)	0.599 (1.274)	0.147 (0.321)	0.379 (0.957)
p 值（低敏感=高敏感）	0.785		0.533		0.002	
年度固定效应	控制	控制	控制	控制	控制	控制
行业固定效应	控制	控制	控制	控制	控制	控制
样本量	11722	10457	11722	10457	10875	11306
伪 R²	0.037	0.042	0.038	0.042	0.041	0.040
Wald chi2 值	319.86***	310.38***	337.25***	310.57***	374.34***	330.23***

注：本表报告了企业人力资本与财务报告舞弊防范在财务报告舞弊曝光的人力资本损害效应的行业敏感性分组下的回归分析结果。本节按模型（6-3）与模型（6-4）计算出各个行业对于财务报告舞弊曝光的人力资本损害的敏感性，将样本分为低敏感行业组与高敏感行业组，然后在两个组内分别进行回归。因变量为财务报告舞弊（Fraud）。关键自变量包括高学历员工比例（Highedupercent）、研究生学历员工比例（Masterpercent）以及员工薪酬（LnPay）。本书对连续变量在 1% 和 99% 水平上进行了 Winsorized 处理。对于回归模型残差，本书在企业层面进行了聚类处理。本表全部采用 Probit 回归，报告模型的伪 R² 和 Wald chi2 值。括号中报告的是 z 值。*、**、*** 分别表示回归系数在 10%、5%、1% 的置信水平下显著。变量定义见表 6-2。

五、稳健性检验：控制高管特征的影响

本节考虑了高管特征对企业人力资本的舞弊防范效应的可能影响。高管特征

可能会影响其舞弊决策。比如，年轻高管或男性高管更具冒险精神，更可能进行舞弊；具有海外背景的高管可能更具社会责任感，因此不会进行舞弊；具有金融背景的高管更熟悉财务工作，所以更可能进行舞弊。此外，高管学历可能会影响企业的招聘偏好，例如，高学历高管可能更倾向于招聘高学历员工。因此，企业人力资本会受到高管学历的影响。本节拟检验人力资本的舞弊防范效应是否受到了高管特征的影响。本节采用 CSMAR 数据库中的董监高个人特征数据，构造了高管平均年龄（*Lnmeanage*）、女性高管比例（*Femalepercent*）、具有海外背景高管比例（*Overseabackpercent*）、具有金融背景高管比例（*Finbackpercent*）以及高学历高管比例（*Highedubackpercent*），并在原模型（6-1）和模型（6-2）中加以控制，以检验主回归结果的稳健性。

表 6-10 报告了控制高管特征影响的回归结果。由此可以看出，在控制了上述 5 个高管特征后，企业人力资本依然对舞弊行为产生了显著的防范作用，具体体现在高学历（研究生学历）员工占比和员工薪酬水平越高，企业舞弊的可能性越低，证明了主回归结果具有一定稳健性。此外，高管平均年龄的回归系数显著为负、金融背景高管比例的回归系数显著为正，说明高管越年轻、具有金融背景的比例越高，进行财务报告舞弊的可能性越大。

表 6-10　稳健性检验：控制高管特征的影响

变量名称	*Fraud*（财务报告舞弊）		
	（1）	（2）	（3）
Highedupercent （高学历员工占比）	-0.135 ** （-1.969）		
Masterpercent （研究生学历员工占比）		-1.055 *** （-3.688）	
LnPay （员工薪酬水平）			-0.079 *** （-2.954）
Size （企业规模）	-0.032 ** （-2.130）	-0.029 * （-1.904）	-0.028 * （-1.822）
Lev （企业负债率）	0.430 *** （5.868）	0.421 *** （5.759）	0.428 *** （5.865）
ROA （总资产收益率）	-1.219 *** （-5.106）	-1.237 *** （-5.181）	-1.205 *** （-5.040）

续表

变量名称	Fraud（财务报告舞弊）		
	（1）	（2）	（3）
BTM （账面市值比）	-0.000 （-0.001）	-0.024 （-0.332）	-0.000 （-0.006）
Institu （机构投资者持股比例）	-0.023 （-0.388）	-0.016 （-0.267）	-0.023 （-0.400）
Tata （总应计项）	0.368 ** （2.066）	0.392 ** （2.198）	0.336 * （1.879）
Ch_cs （现金销售率）	0.307 ** （2.468）	0.304 ** （2.437）	0.334 *** （2.685）
Otherrec （其他应收款比例）	2.486 *** （5.155）	2.440 *** （5.067）	2.481 *** （5.147）
Loss （是否亏损）	0.185 *** （5.722）	0.187 *** （5.786）	0.185 *** （5.733）
Sd_vol （股票月换手率波动率）	0.002 *** （2.848）	0.002 *** （2.827）	0.002 *** （2.830）
H5hold （股权集中度）	-0.595 *** （-4.707）	-0.607 *** （-4.797）	-0.576 *** （-4.571）
Issue （是否再融资）	0.044 * （1.663）	0.044 * （1.664）	0.042 （1.584）
Stkcyc （股市周期）	-0.357 *** （-6.865）	-0.356 *** （-6.904）	-0.391 *** （-7.295）
Lnmeanage （高管平均年龄）	-0.875 *** （-4.125）	-0.850 *** （-4.015）	-0.850 *** （-4.012）
Femalepercent （女性高管比例）	0.128 （1.090）	0.127 （1.084）	0.124 （1.056）
Overseabackpercent （具有海外背景高管比例）	0.139 （0.889）	0.167 （1.067）	0.164 （1.046）
Finbackpercent （具有金融背景高管比例）	0.344 ** （2.388）	0.348 ** （2.417）	0.356 ** （2.478）
Highedubackpercent （高学历高管比例）	0.036 （0.870）	0.036 （0.877）	0.028 （0.693）
截距项	2.994 *** （3.654）	2.848 *** （3.476）	2.927 *** （3.572）
年度固定效应	控制	控制	控制
行业固定效应	控制	控制	控制

续表

变量名称	Fraud（财务报告舞弊）		
	（1）	（2）	（3）
样本量	22181	22181	22181
伪 R^2	0.041	0.042	0.042
Wald chi2 值	757.47***	767.29***	759.78***

注：本表报告了企业人力资本与财务报告舞弊防范在控制高管特征后的检验结果。因变量为财务报告舞弊（Fraud）。关键自变量包括高学历员工比例（Highedupercent）、研究生学历员工比例（Masterpercent）以及员工薪酬（LnPay）。此外，回归中额外控制了高管平均年龄（Lnmeanage）、女性高管比例（Femalepercent）、具有海外背景高管比例（Overseabackpercent）、具有金融背景高管比例（Finbackpercent）以及高学历高管比例（Highedubackpercent）。本书对连续变量在1%和99%水平上进行了 Winsorized 处理。对于回归模型残差，本书在企业层面进行了聚类处理。本表全部采用 Probit 回归，报告模型的伪 R^2 和 Wald chi2 值。括号中报告的是 z 值。*、**、*** 分别表示回归系数在10%、5%、1%的置信水平下显著。变量定义见表6-2。

六、稳健性检验：线性概率模型

本节使用线性概率模型（LPM）替代 Probit 模型进行原模型（6-1）与模型（6-2）的回归，以检验主回归模型的稳健性。表6-11报告了回归结果。由此可以看出，在 LPM 模型回归下，本章的主要研究结果依然成立：企业中高学历员工比例（尤其是研究生学历员工比例）以及员工薪酬水平所代表的人力资本对财务报告舞弊行为具有防范作用。

表6-11　稳健性检验：线性概率模型

变量名称	LPM 模型		
	Fraud（财务报告舞弊）		
	（1）	（2）	（3）
Highedupercent（高学历员工占比）	−0.025* （−1.672）		
Masterpercent（研究生学历员工占比）		−0.218*** （−3.860）	

续表

变量名称	LPM 模型		
	Fraud（财务报告舞弊）		
	（1）	（2）	（3）
LnPay （员工薪酬水平）			−0.017*** （−2.812）
Size （企业规模）	−0.009*** （−2.903）	−0.008** （−2.564）	−0.008** （−2.436）
Lev （企业负债率）	0.097*** （5.209）	0.095*** （5.088）	0.097*** （5.201）
ROA （总资产收益率）	−0.370*** （−5.644）	−0.376*** （−5.734）	−0.366*** （−5.585）
BTM （账面市值比）	−0.016 （−0.990）	−0.022 （−1.362）	−0.017 （−1.071）
Institu （机构投资者持股比例）	−0.009 （−0.699）	−0.007 （−0.552）	−0.009 （−0.704）
Tata （总应计项）	0.077* （1.829）	0.083** （1.970）	0.071* （1.679）
Ch_cs （现金销售率）	0.066** （2.138）	0.065** （2.097）	0.073** （2.354）
Otherrec （其他应收款比例）	0.713*** （5.173）	0.703*** （5.108）	0.709*** （5.153）
Loss （是否亏损）	0.048*** （5.289）	0.048*** （5.333）	0.048*** （5.321）
Sd_vol （股票月换手率波动率）	0.001** （2.532）	0.001** （2.507）	0.001** （2.504）
H5hold （股权集中度）	−0.125*** （−4.783）	−0.127*** （−4.867）	−0.121*** （−4.643）
Issue （是否再融资）	0.012* （1.841）	0.011* （1.827）	0.011* （1.773）
Stkcyc （股市周期）	−0.054*** （−5.199）	−0.054*** （−5.220）	−0.054*** （−5.217）
截距项	0.356*** （4.933）	0.341*** （4.715）	0.347*** （4.795）
年度固定效应	控制	控制	控制
行业固定效应	控制	控制	控制

续表

变量名称	LPM 模型		
	Fraud（财务报告舞弊）		
	（1）	（2）	（3）
样本量	22181	22181	22181
R^2	0.036	0.036	0.036
F 值	16.78***	17.15***	16.98***

注：本表报告了企业人力资本与财务报告舞弊防范的模型稳健性检验结果。本节使用线性概率模型（LPM）替代 Probit 模型进行原模型（5-1）与原模型（5-2）的回归。因变量为财务报告舞弊（*Fraud*）。关键自变量包括高学历员工比例（*Highedupercent*）、研究生学历员工比例（*Masterpercent*）以及员工薪酬（*LnPay*）。本书对连续变量在 1% 和 99% 水平上进行了 Winsorized 处理。对于回归模型残差，本书在企业层面进行了聚类处理。本表全部采用 LPM 回归，报告模型的 R^2 和 F 值。括号中报告的是 t 值。*、**、***分别表示回归系数在 10%、5%、1% 的置信水平下显著。变量定义见表 6-2。

第六节　研究结论

本章的研究问题是企业人力资本对财务报告舞弊的防范作用。本章的研究假设认为，较高的企业人力资本水平（高学历员工比例和员工薪酬水平）能够令企业降低其财务报告舞弊行为的可能性。本章以我国 2011~2019 年 A 股上市公司为样本，考察了企业人力资本对财务报告舞弊的防范。本章研究发现，企业人力资本对财务报告舞弊行为具有防范作用。当企业具有较高的高学历员工（尤其是研究生学历员工）比例和员工薪酬水平时，其财务报告舞弊发生的概率更低。

此外，本章采用工具变量法，对高学历员工占比进行工具变量回归，在一定程度上缓解了研究的内生性，再次验证了企业人力资本对财务报告舞弊的防范作用。进一步地，通过横截面分析发现，人力资本对财务报告舞弊的防范作用在高科技企业中比较强，而在非高科技企业中不显著，因为高科技企业挽留人才、减少人才流失的动机会更强。另外，本章结合第五章研究内容，计算不同行业对财务报告舞弊曝光的人力资本损害的敏感性，研究发现人力资本（主要是员工薪酬方面）对财务报告舞弊的防范作用在高敏感性行业更强，因为高敏感性行业规避人力资本损害的动机更强。由此证明，企业人力资本对舞弊行为的抑制是源于对舞弊曝光可能带来的人力资本损害的规避。因此，横截面分析证明了人力资本的声誉效应，与 Call 等（2017）所提出的监督效应有所区分。此外，本章发现当控制高管特征的影响，或者使用线性概率模型替换 Probit 模型后，主回归结果依然成立，具有稳健性。

本章的研究贡献有以下三个方面：首先，本章丰富了财务报告舞弊的影响因素的研究。已有研究表明，员工是企业的内部监督机制之一。而本章的结果表明，企业人力资本，表现在员工学历结构和员工薪酬方面，也能够显著影响企业财务报告舞弊行为。不同于内部监督机制，人力资本从规避舞弊事发的劳动力成本角度抑制了企业的舞弊行为。其次，本章为"会计与劳动力市场"研究领域做出了一定贡献。本章与第五章相结合，对企业人力资本与财务报告舞弊之间的关系进行了双向、综合的分析研究，发现企业的人力资本能够影响财务报告舞弊决策，对财务报告舞弊起到了防范作用。最后，本章与 Call 等（2017）在理论和实证上都有所不同。出于企业维护人力资本的考虑，认为企业减少财务报告舞弊是因为对人力资本的重视，即人力资本存在声誉效应，并且利用了公司层面的数据构造人力资本变量证实了该假说。

第七章 企业人力资本与高质量审计师选择

第一节 概述

中国上市公司对会计师事务所的选择一直是学术界所关心的话题。与其他国家相比，在我国的上市公司中选择聘请高质量会计师事务所（特别是国际四大）进行审计的公司非常少。Francis 等（2013）的研究指出，国际四大会计师事务所在中国的市场份额仅为 17%，而他们在全部 42 个样本国家的市场份额可达60%上下。由此可见，在会计师事务所的选择上，中国企业与国外企业具有很大差异。在我国资本市场发展早期，DeFond 等（1999）和 Wang 等（2008）认为，中国国有企业不以利益最大化为企业经营目标，并且相比于民营企业更容易获得政府和银行的相应政策支持与资金支持，因此他们并不需要向外界提供高质量的财务报告。选择低质量的小事务所进行审计能够方便进行盈余操纵和共谋。随着我国资本市场的发展和国有企业改革，韩晓梅和徐玲玲（2009）及陈德球等（2011）则提出，中国企业选择国际四大所进行审计的成本（高额审计费用和暴露企业问题）远高于收益（代理成本降低和声誉提升），因此并不会选择高质量的大事务所。综上所述，研究我国企业是否选择高质量审计师及其原因是一个重要问题。

企业选择高质量审计师的原因主要来自动机和能力两个方面（DeFond 和Zhang，2014）。从动机方面来看，企业选择高质量审计师是为了缓解代理问题、降低企业所面临的代理成本（Jensen 和 Meckling，1976）。从能力方面来看，公司治理机制较好的企业更有能力实现高质量审计，因而更可能选择高质量审计师（如 Beasley 和 Petroni，2001；Cassell 等，2012）。本章的研究内容是企业人力资本对高质量审计师选择的影响。本书第五章发现，财务报告舞弊曝光会损害企业的人力资本；而第六章发现，企业人力资本可以对财务报告舞弊起到防范作用。因此，本章基于第五、六章的研究结论提出一个竞争性假设：企业人力资本能够在防范财务报告舞弊发生的情况下，进而影响企业的审计师选择。一方面，具有优质人力资本的企业由于舞弊行为减少、会计信息质量较高，会聘请高质量审计师以证明自己是"好公司"，达到信号效应的目的。并且，具有优质人力资本的企业聘请高质量审计师的收益大于成本，因此也会选择高质量审计。所以，企业人力资本能够对高质量审计师选择产生正向影响。另一方面，具有优质人力资本的企业由于舞弊行为减少、会计信息质量较高，因此企业不需要花费高额费用聘请高质量审计师来缓解代理问题。所以，企业人力资本能够对高质量审计师选择产生负向影响。

本章利用我国 2011~2019 年 A 股上市公司数据研究发现，企业人力资本能够正向影响对高质量审计师的需求，这是企业人力资本对财务报告舞弊产生防范作用的一个衍生影响。当企业具有较高的高学历员工（尤其是研究生学历员工）比例和员工薪酬水平时，选择高质量审计师的可能性越高。此外，为了缓解研究的内生性问题，本章采用各省市高校数量和大学毕业生数量占总人口的比例作为企业高学历员工占比的工具变量，进一步验证了人力资本对企业高质量审计师选择的正向影响。本章结合第五、六章的研究结果，计算不同行业对人力资本的舞弊防范作用的敏感性和对财务报告舞弊曝光的人力资本损害的敏感性，并通过横截面分析发现企业人力资本（主要是高学历员工占比方面）对高质量审计师选择的影响均在高敏感性行业更为显著，证明人力资本促进了高质量审计师选择是源于企业为了规避财务报告舞弊曝光可能带来的人力资本损害，从而企业选择减少舞弊行为。此外，本章控制了高管特征的影响，并使用线性概率模型替换 Probit 模型对主回归进行稳健性检验，发现主回归结果依然成立。

与现有研究相比，本章的研究贡献有以下两个：

（1）拓展了企业对审计师选择的影响因素的研究。现有文献主要基于代理理论，认为企业具有高质量审计的需求是因为其能降低企业与股东之间的代理成本。不同于已有研究，本章基于信号理论和成本—收益分析，研究发现企业人力资本能够对高质量审计师选择产生正向影响。在高学历员工占比较高和员工薪酬水平较高的企业中，企业选择高质量审计师的可能性更高。因此，本章丰富了企业聘请高质量审计师的研究领域。

（2）推进了"会计与劳动力市场"领域的研究。本章结合本书第五、六章实证研究，进一步证明了人力资本对企业的重要性。本书的三章实证研究综合表明，财务报告舞弊曝光会损害企业的人力资本，而人力资本反过来可以抑制和防范财务报告舞弊的发生、促使企业选择高质量的审计师。因此，本章连同第五、六章，从人力资本的视角讨论了财务报告舞弊、企业人力资本与审计师选择之间的关系，为"会计与劳动力市场"研究领域做出了一定贡献。

第二节　理论推导与研究假设

审计能够为企业的会计信息可信度提供具有独立性的鉴证业务，从而提高资源配置效率和契约效率（DeFond 和 Zhang，2014）。现有研究认为，企业选择高质量审计师的原因主要来自两个方面：动机和能力（DeFond 和 Zhang，2014）。一方面是动机。代理理论认为，企业选择高质量审计师是因为其能缓解代理问题、降低企业所面临的代理成本（Jensen 和 Meckling，1976）。当管理层与外部利益相关者的信息不对称较为严重、引起代理冲突时，企业出于降低代理成本的动机更可能去聘请高质量的审计师，如国际四大会计师事务所。这是影响高质量审计需求的主要因素。另一方面是能力。如果企业的公司治理机制，如董事会特征、审计委员会特征、内部控制报告和内部审计机制，能够令企业更有能力实现高质量审计，企业会更可能选择高质量审计师（如 Beasley 和 Petroni，2001；Cassell 等，2012）。

本书的第五章研究发现，财务报告舞弊曝光会损害企业的人力资本、造成人才流失。而第六章研究发现，人力资本可以对财务报告舞弊起到防范作用，具有优质人力资本的企业会出于维护人才、减少人力资本流失的目的，减少其财务报告舞弊行为。基于上述结果，本章认为，一方面，具有优质人力资本的企业由于财务报告舞弊行为的减少，会拥有相对较高质量的会计信息。因此，企业想要向外部利益相关者及内部员工传递好消息，证明自己是"好公司"，会选择聘请高质量审计师以达到信号效应的目的，减少信息不对称、降低代理成本。由于中国大部分企业都不聘请高质量审计师（国际四大所），企业聘请国际四大所的信号效应还会增强。另一方面，企业会权衡聘请高质量审计师的收益与成本。对于企业来说，其收益主要包括两个：①代理成本的降低；②声誉和形象的提升。而其成本主要包括两个：①支付高额的审计费用；②"做坏事"（财务报告舞弊）的风险增加。在具有优质人力资本的企业中，其为了规避人才流失的风险，会选择减少"做坏事"，因此"做坏事"的风险本身较低。此时，选择高质量审计师的成本会降低，当收益大于成本时，企业会选择聘请高质量的审计师。

综上所述，企业人力资本会对高质量审计师选择产生正向影响。本章延续第六章的定义，以高学历员工占比和员工薪酬水平作为企业人力资本水平的衡量。因此，本章假设企业员工中存在较高比例的高学历员工以及较高的员工薪酬水平，企业选择高质量审计师的可能性更高。

然而，优质人力资本对企业高质量审计师选择的影响也有可能是负向的。由于优质人力资本抑制了企业的财务报告舞弊行为、企业的会计信息质量相对较高，此时企业中信息不对称程度较弱、代理问题较轻，因此不需要花费高额费用聘请高质量审计师以降低代理成本。所以，企业人力资本（高学历员工占比和员工薪酬水平）会对高质量审计师选择产生负向影响。如果企业员工中存在较高比例的高学历员工以及较高的员工薪酬水平，企业选择高质量审计师的可能性更低。基于以上分析，本章认为人力资本对企业高质量审计师选择的影响存在竞争性假说，因此提出如下研究假设：

假设7-1a：企业中高学历员工占比越高，选择高质量审计师的可能性越高。

假设7-1b：企业中高学历员工占比越高，选择高质量审计师的可能性越低。

假设7-2a：企业中员工薪酬水平越高，选择高质量审计师的可能性越高。

假设7-2b：企业中员工薪酬水平越高，选择高质量审计师的可能性越低。

第三节　研究设计

一、样本选择与数据来源

本章的研究样本是 2011~2019 年的中国 A 股上市公司。样本的期间选取从 2011 年开始，是由于企业员工雇佣数据，尤其是员工学历数据的可获得性。该数据在 Wind 数据库中从 2011 年开始有记录。样本的期间截至 2019 年，是笔者成稿时可获得的较为完整的最新数据年份。样本数据来源包括 CSMAR 数据库、Wind 数据库、RESSET 数据库以及 CNRDS 数据库。本章的财务报表数据、员工人数、员工薪酬、审计等数据来自 CSMAR 数据库，员工学历数据来自 Wind 数据库，其他企业信息来自 CNRDS 数据库。

本章的样本期间是 2011~2019 年。对于原始数据，本章进行以下四项处理：①剔除金融行业公司；②剔除被列为"ST"的公司；③剔除主要自变量、因变量以及控制变量缺失的观测；④对连续变量在 1% 和 99% 水平上进行 Winsorized 处理。表 7-1 列示了本章的样本筛选过程，最终样本数为 22046 个公司—年观测，来自 3381 家不同的公司。

表 7-1　样本筛选过程

样本	剔除样本	保留样本
2011~2019 年的 A 股公司—年观测	—	27723
剔除金融行业公司	747	26976
剔除被列为"ST"的公司	1284	25692
剔除主要自变量和因变量缺失的观测	2888	22804
剔除相关控制变量缺失的观测	758	22046

二、变量与模型设计

为了验证本章的研究假设，即企业人力资本（高学历员工占比和员工薪酬）

对高质量审计师选择的影响，本章构建了如下回归模型（7-1）和模型（7-2）进行检验：

$$Big4 = \alpha_0 + \alpha_1 \times Highedupercent + \sum \alpha_i \times Controls + Year + Industry + \varepsilon \quad (7-1)$$

$$Big4 = \beta_0 + \beta_1 \times LnPay + \sum \beta_i \times Controls + Year + Industry + \varepsilon \quad (7-2)$$

在模型（7-1）和模型（7-2）中，因变量 $Big4$ 为企业选择的会计师事务所是否为国际四大（高质量审计）的虚拟变量，当企业选择的会计师事务所为国际四大所时，等于 1，否则等于 0。

在模型（7-1）中，本章所关注的自变量为高学历（本科、研究生及以上学历）员工占总员工人数比例（$Highedupercent$），即 t 期高学历员工人数/t 期员工人数。本章还进一步构建了研究生学历员工比例（$Masterpercent$）和本科学历员工比例（$Bachelorpercent$），其计算公式分别为 t 期研究生及以上学历员工人数/t 期员工人数、t 期本科学历员工人数/t 期员工人数。在模型（7-2）中，本章所关注的自变量为员工薪酬（Pay）的自然对数（$LnPay$），员工薪酬的计算公式为（t 期支付给员工的薪酬 - t 期支付给高管的薪酬 + t 期应付职工薪酬 - $t-1$ 期应付职工薪酬）/（公司总人数 - 高管人数）。

此外，$Controls$ 为影响企业高质量审计师选择的变量。本章控制的变量包括以下八个：①企业规模（$Size$），即企业总资产金额的自然对数；②企业负债率（Lev），即企业总负债金额与总资产金额的比值；③总资产收益率（ROA），即企业净利润与总资产的比值；④账面市值比（BTM），即企业账面所有者权益与市值的比值；⑤营业收入增长率（$Salesgrowth$），等于企业（t 期营业收入 - $t-1$ 期营业收入）/（$t-1$ 期营业收入）；⑥存货占总资产比例（$Inventory$），即企业存货与总资产的比值；⑦企业当期是否亏损虚拟变量（$Loss$），当企业扣除非经常性损益后的净资产收益率小于 0 时，等于 1，否则等于 0；⑧审计意见是否为非标意见虚拟变量（MAO），当企业得到的审计意见为非标准无保留意见时，等于 1，否则等于 0。

另外，本章还控制了年份固定效应（$Year$）和行业固定效应（$Industry$），以便排除宏观经济因素和不随时间变化的行业遗漏特征的影响，从而更好地识别出企业人力资本对高质量审计师选择的影响。其中，行业（制造业除外）按 2012 年版证监会行业分类标准的第一位代码设置虚拟变量，制造业细分至第二位代码。模型（7-1）和模型（7-2）的因变量为虚拟变量，因此本章采用 Probit 模型进行估计。对于回归模型残差，本章在企业层面进行了聚类处理。

本章预期模型（7-1）和模型（7-2）中系数 α_1 和 β_1 的符号为正（或负），即高学历员工占比越高、员工薪酬水平越高，企业选择高质量审计师的可能性越大（越小）。表7-2 列示了本章回归模型中所包含的全部变量的定义。

表7-2 变量定义

变量名称	变量符号	变量定义
因变量		
是否四大	*Big4*	当企业选择的会计师事务所为国际四大所时等于1，否则等于0
自变量		
高学历员工占比	*Highedupercent*	t 期高学历员工人数/t 期员工人数
研究生学历员工占比	*Masterpercent*	t 期研究生及以上学历员工人数/t 期员工人数
本科学历员工占比	*Bachelorpercent*	t 期本科学历员工人数/t 期员工人数
员工薪酬	*LnPay*	员工薪酬（*Pay*）的自然对数，其中员工薪酬＝（t 期支付给员工的薪酬-t 期支付给高管的薪酬+t 期应付职工薪酬-t-1 期应付职工薪酬）/（公司总人数-高管人数）
当地高校数量	*Uninum*	该省份高校数量/该省份总人口
当地毕业大学生数量	*Gradnum*	该省份毕业大学生数量/该省份总人口
控制变量		
企业规模	*Size*	总资产金额的自然对数
企业负债率	*Lev*	总负债金额/总资产金额
总资产收益率	*ROA*	净利润/总资产
账面市值比	*BTM*	账面所有者权益/市值
营业收入增长率	*Salesgrowth*	(t 期营业收入-t-1 期营业收入)/(t-1 期营业收入)
存货	*Inventory*	存货/总资产
是否亏损	*Loss*	当企业扣除非经常性损益后的净资产收益率小于 0 时等于1，否则等于0
审计意见是否非标	*MAO*	当企业得到的审计意见为非标准无保留意见时等于1，否则等于0
高管平均年龄	*Lnmeanage*	董监高的平均年龄取自然对数
女性高管比例	*Femalepercent*	董监高中女性的人数占比

续表

变量名称	变量符号	变量定义
具有海外背景高管比例	*Overseabackpercent*	董监高中具有海外背景的人数占比
具有金融背景高管比例	*Finbackpercent*	董监高中具有金融背景的人数占比
高学历高管比例	*Highedubackpercent*	董监高中具有本科及以上学历的人数占比

第四节 描述性统计

表 7-3 是本章回归模型中所涉及的主要变量的描述性统计。样本规模为 22046 个公司一年观测。从表 7-3 可以看出，选择高质量审计师即国际四大会计师事务所（*Big4* = 1）的样本观测占 5.7%。高学历（本科、研究生及以上学历）员工在企业中的占比（*Highedupercent*）平均为 25.2%，其中硕士及以上学历员工占比（*Masterpercent*）约 3.1%，本科学历员工占比（*Bachelorpercent*）约 22%。因此，企业中 1/4 的人力资源构成为高学历员工，其在企业中具有不可或缺的地位。员工薪酬（*Pay*）的平均水平为 11.92 万元，中位数为 9.92 万元。上述结果均与本书第六章中的水平保持一致。

表 7-3 主要变量描述性统计

变量名称	样本量	均值	25%分位数	中位数	75%分位数	标准差
Big4 （是否四大）	22046	0.057	0.000	0.000	0.000	0.231
Highedupercent （高学历员工占比）	22046	0.252	0.099	0.195	0.359	0.208
Masterpercent （研究生学历员工占比）	22046	0.031	0.000	0.013	0.039	0.047
Bachelorpercent （本科生学历员工占比）	22046	0.220	0.092	0.178	0.315	0.175
Pay （员工薪酬）	22046	11.920	7.279	9.920	13.940	7.854

续表

变量名称	样本量	均值	25%分位数	中位数	75%分位数	标准差
LnPay （员工薪酬）	22046	2.328	1.985	2.295	2.635	0.528
Size （企业规模）	22046	22.190	21.260	22.010	22.920	1.310
Lev （企业负债率）	22046	0.429	0.260	0.419	0.584	0.211
ROA （总资产收益率）	22046	0.037	0.014	0.036	0.065	0.063
BTM （账面市值比）	22046	0.624	0.435	0.629	0.811	0.245
Salesgrowth （营业收入增长率）	22046	0.193	−0.015	0.109	0.266	0.503
Inventory （存货）	22046	0.149	0.060	0.114	0.185	0.140
Loss （是否亏损）	22046	0.173	0.000	0.000	0.000	0.378
MAO （审计意见是否非标）	22046	0.027	0.000	0.000	0.000	0.163

注：本表报告了企业人力资本与高质量审计师选择的回归分析所需主要变量的描述性统计结果。变量定义见表7-2。

在控制变量的描述性统计方面，资产规模（*Size*）的均值（中位数）为22.190（22.010），负债率（*Lev*）的均值（中位数）为0.429（0.419），总资产收益率（*ROA*）的均值（中位数）为0.037（0.036），账面市值比（*BTM*）的均值（中位数）为0.624（0.629），约17.3%的样本观测为亏损企业（*Loss* = 1），均与以往研究及本书第五、六章中的水平相似。此外，有2.7%的样本观测收到了非标审计意见（*MAO* = 1）。

表7-4报告了回归模型中的主要因变量和自变量的相关性系数。从表7-4可以看出，选择四大事务所（*Big4*）与高学历员工比例（*Highedupercent*）以及研究生员工比例（*Masterpercent*）、本科员工比例（*Bachelorpercent*）均呈现出显著正相关关系，并与员工薪酬水平（*LnPay*）也呈现显著正相关关系，其显著性水平均为1%。这一结果符合本章预期，因此本章将以此为基础，继续进行回归分析以

检验相关假设。

表7-4 主要变量相关性分析

变量名称	Big4 （是否四大）	Highedupercent （高学历员工占比）	Masterpercent （研究生学历 员工占比）	Bachelorpercent （本科生学历 员工占比）	LnPay （员工薪酬水平）
Big4 （是否四大）	1				
Highedupercent （高学历员工占比）	0.047 ***	1			
Masterpercent （研究生学历员工占比）	0.058 ***	0.713 ***	1		
Bachelorpercent （本科生学历员工占比）	0.040 ***	0.978 ***	0.559 ***	1	
LnPay （员工薪酬水平）	0.180 ***	0.535 ***	0.444 ***	0.508 ***	1

注：本表报告了企业人力资本与高质量审计师选择的回归分析所需主要因变量和自变量的相关性分析结果。*、**、***分别表示相关系数在10%、5%、1%的置信水平下显著。变量定义见表7-2。

第五节　实证分析结果

一、主回归

表7-5报告了模型（7-1）与模型（7-2）的回归结果，考察企业人力资本对高质量审计师选择的影响。因变量为高质量审计师选择（Big4）。关键自变量为高学历员工比例（Highedupercent）、研究生学历员工比例（Masterpercent）和本科学历员工比例（Bachelorpercent）以及员工薪酬水平（LnPay）。表7-5的第（1）至第（3）列为高学历（及研究生学历、本科学历）员工比例与高质量审计师选择的回归结果。高学历员工比例（Highedupercent）的回归系数显著为正（回归系数为0.414，在5%的置信水平上显著），研究生学历员工比例（Masterpercent）与本科学历员工比例（*Bachelorpercent*）的回归系数也均显著为正（回归系数分别为 1.988 和 0.402，分别在 1% 和 10% 的水平上显著）。这一结果说明，高学历员工比例越高，企业选择高质量审计师的可能性越大。表 7-5 的第（4）列报告了员工薪酬水平对高质量审计师选择的影响的回归结果。从结果中可以看出，员工薪酬水平（*LnPay*）的回归系数显著为正（回归系数为 0.446，在 1% 的置信水平上显著），表明员工薪酬水平越高，企业选择高质量审计师的可能性越大。

表 7-5　企业人力资本与高质量审计师选择

变量名称	Big4（是否四大）			
	（1）	（2）	（3）	（4）
Highedupercent（高学历员工比例）	0.414**（2.115）			
Masterpercent（研究生学历员工比例）		1.988***（3.073）		
Bachelorpercent（本科生学历员工比例）			0.402*（1.682）	
LnPay（员工薪酬）				0.446***（5.884）
Size（企业规模）	0.618***（14.502）	0.613***（14.360）	0.621***（14.606）	0.581***（13.282）
Lev（企业负债率）	-0.466**（-1.978）	-0.437*（-1.848）	-0.477**（-2.030）	-0.421*（-1.771）
ROA（总资产收益率）	1.083（1.536）	1.168（1.634）	1.053（1.498）	1.022（1.492）
BTM（账面市值比）	-0.410**（-2.026）	-0.377*（-1.866）	-0.432**（-2.141）	-0.366*（-1.803）
Salesgrowth（营业收入增长率）	-0.206***（-4.319）	-0.210***（-4.408）	-0.204***（-4.286）	-0.211***（-4.511）
Inventory（存货）	-1.540***（-3.687）	-1.511***（-3.632）	-1.541***（-3.696）	-1.562***（-3.742）
Loss（是否亏损）	-0.017（-0.197）	-0.015（-0.170）	-0.017（-0.197）	-0.035（-0.397）

续表

变量名称	Big4（是否四大）			
	（1）	（2）	（3）	（4）
MAO （审计意见是否非标）	0.060 (0.311)	0.049 (0.252)	0.060 (0.309)	0.062 (0.323)
截距项	−15.126*** (−14.831)	−15.045*** (−14.728)	−15.181*** (−14.872)	−15.097*** (−14.945)
年度固定效应	控制	控制	控制	控制
行业固定效应	控制	控制	控制	控制
样本量	21842	21842	21842	21842
伪 R^2	0.295	0.297	0.295	0.310
Wald chi2 值	2091.67***	2107.13***	2084.65***	2193.75***

注：本表报告了企业人力资本与高质量审计师选择的回归分析所需主要变量的描述性统计结果。因变量为高质量审计师（Big4）。关键自变量包括高学历员工比例（Highedupercent）、研究生学历员工比例（Masterpercent）、本科生学历员工比例（Bachelorpercent）以及员工薪酬（LnPay）。本书对连续变量在1%和99%水平上进行了 Winsorized 处理。对于回归模型残差，本书在企业层面进行了聚类处理。本表全部采用 Probit 回归，报告模型的伪 R^2 和 Wald chi2 值。括号中报告的是 z 值。*、**、*** 分别表示回归系数在10%、5%、1%的置信水平下显著。变量定义见表7-2。

综上所述，人力资本对企业选择高质量审计师有显著的正向影响，较高的高学历员工比例和员工薪酬水平能够提高企业选择高质量审计师的可能性。这一结果支持了本章的假设 7-1a 和 7-2a。该实证结果也具有经济显著性：高学历员工对高质量审计师选择的平均边际效应约为 3.4%，员工薪酬水平对高质量审计师选择的平均边际效应约为 3.6%。

在控制变量方面，当企业规模越大、成长性越高时，更有可能选择高质量审计师。而当企业负债率越高、存货占比越高时，越不可能选择高质量审计师。

二、工具变量回归

为了缓解研究的内生性问题，本节采用工具变量回归法，进一步验证企业人力资本对高质量审计师选择的影响。本节参考本书第六章第二节，选择各地区高校数量/总人口（Uninum）和毕业大学生数量/总人口（Gradnum）作为企业高学历员工占比的工具变量。各省市的高校数量、毕业大学生数量以及总人口数据来自国家统计局。这两个工具变量能够满足相关性和外生性条件。第一，当一个地区的高校数量或毕业大学生数量相对总人口的比例越高时，该地区的劳动力市场中高学历人才供给会越多。因此，企业中高学历员工占比也可能会更高，符合工具变量的相关性条件。第二，省级的高校数量或毕业大学生数量对企业来讲是相对外生的，企业个体不太可能影响到省级政府对高校的设立决策以及大学生的招生与毕业状况。高校设立与大学生招生主要受教育改革政策的影响，如我国1999年开始的高校扩招政策等。因此，符合工具变量的外生性条件。

本节采用两阶段 Probit 回归法进行了工具变量回归。表7-6 报告了工具变量回归的结果。第（1）（3）列报告了第一阶段的回归结果。可以看出，*Uninum* 和 *Gradnum* 的回归系数均显著为正（回归系数分别为4.659和27.483，均在1%的置信水平上显著），说明各地区的高校数量或毕业大学生数量相对总人口的比例越高，企业中高学历员工占比也越高。第（2）（4）列报告了第二阶段的回归结果。该结果进一步证明，人力资本对企业高质量审计师选择具有正向影响。高学历员工占比（*Highedupercent*）在这两列的回归系数均显著为正（回归系数分别为2.464和2.501，分别在1%和5%的置信水平上显著）。以上结果表明，在考虑了可能的内生性影响后，本章的主回归结果依然成立——具有优质人力资本的企业会倾向于选择高质量的审计师。

表7-6　工具变量回归

变量名称	Highedupercent（高学历员工占比）(1)	Big4（是否四大）(2)	Highedupercent（高学历员工占比）(3)	Big4（是否四大）(4)
Uninum（各地区高校数量/总人口）	4.659***（11.592）			
Gradnum（毕业大学生数量/总人口）			27.483***（9.888）	
Highedupercent（高学历员工占比）		2.464***（3.080）		2.501**（2.437）
Size（企业规模）	0.027***（9.155）	0.503***（6.972）	0.030***（10.181）	0.503***（5.769）

续表

变量名称	Highedupercent （高学历员工占比） （1）	Big4 （是否四大） （2）	Highedupercent （高学历员工占比） （3）	Big4 （是否四大） （4）
Lev （企业负债率）	-0.070 *** （-4.518）	-0.223 （-0.889）	-0.076 *** （-4.813）	-0.229 （-0.882）
ROA （总资产收益率）	-0.002 （-0.069）	1.173 * （1.750）	-0.009 （-0.257）	1.104 * （1.655）
BTM （账面市值比）	-0.151 *** （-11.103）	-0.038 （-0.156）	-0.160 *** （-11.780）	-0.033 （-0.117）
Salesgrowth （营业收入增长率）	0.010 *** （3.870）	-0.210 *** （-4.754）	0.010 *** （3.789）	-0.212 *** （-4.772）
Inventory （存货）	-0.002 （-0.084）	-1.433 *** （-3.665）	-0.006 （-0.248）	-1.443 *** （-3.604）
Loss （是否亏损）	-0.008 （-1.463）	-0.001 （-0.006）	-0.005 （-0.998）	-0.006 （-0.069）
MAO （审计意见是否非标）	-0.009 （-0.951）	0.089 （0.497）	-0.010 （-1.058）	0.080 （0.445）
截距项	-0.439 *** （-7.253）	-13.050 *** （-8.475）	-0.524 *** （-8.651）	-13.076 *** （-7.222）
年度固定效应	控制	控制	控制	控制
行业固定效应	控制	控制	控制	控制
样本量	21842	21842	21842	21842
R^2/伪 R^2	0.335	0.299	0.324	0.297
F 值/Wald chi2 值	262.73 ***	2589.34 ***	253.13 ***	2609.74 ***

注：本表报告了企业人力资本与高质量审计师选择的工具变量回归分析结果。本节选择各地区高校数量/总人口（*Uninum*）和毕业大学生数量/总人口（*Gradnum*）作为企业高学历员工占比的工具变量。第（1）（3）列为第一阶段的回归结果，因变量为高学历员工比例（*Highedupercent*），关键自变量分别为各地区高校数量/总人口（*Uninum*）和毕业大学生数量/总人口（*Gradnum*）。第（2）（4）列报告了第二阶段的回归结果。因变量为高质量审计师（*Big*4），关键自变量为高学历员工比例（*Highedupercent*）。本书对连续变量在1%和99%水平上进行了 Winsorized 处理。对于回归模型残差，本书在企业层面进行了聚类处理。第（1）（3）列为OLS回归，报告模型的 R^2 和 F 值；第（2）（4）列为 Probit 回归，报告模型的伪 R^2 和 Wald chi2 值。括号中报告的是 z 值（Probit 回归）或 t 值（OLS 回归）。*、**、*** 分别表示回归系数在10%、5%、1%的置信水平下显著。变量定义见表7-2。

三、横截面分析：行业敏感性分组回归 I

本节拟基于本书第六章的研究发现进行横截面分析，即研究人力资本对高质量审计师选择的正向影响在不同敏感性的行业上的差异。由第六章可知，企业具有高水平人力资本时可以防范财务报告舞弊的发生。本节与第六章的第五节的思路一致，从第六章的这一主结果出发，进一步提取出不同行业的回归系数，作为该行业对人力资本的舞弊防范效应的敏感性。本节预测，在敏感性更高的行业中，优质人力资本对企业财务报告舞弊的防范作用更强，因此企业更不可能"做坏事"、会计信息质量会更高，就更有动机去聘请高质量的审计师，以向外部利益相关者和内部员工传递积极信号。并且，由于此时企业更不可能"做坏事"，聘请高质量审计师的成本会更低，基于成本—收益的考虑，人力资本对聘请高质量审计师的促进作用将会更显著。而在敏感性比较低的行业中，人力资本对企业财务报告舞弊的防范作用较弱，企业出于信号效应或成本—收益考虑而选择高质量审计师的动机也较弱，因此人力资本对聘请高质量审计师的促进作用将会较弱或不显著。

综上所述，本节认为，企业人力资本对审计师选择的影响是源于舞弊行为的减少。具体来说，本节基于第六章的回归模型（6-1）和模型（6-2），加入行业固定效应与人力资本变量的交互项，构建如下模型（7-3）与模型（7-4）以提取不同行业对人力资本的舞弊防范效应的敏感性系数：

$$Fraud = \alpha_0 + \alpha_1 \times Highedupercent + \sum \alpha_i \times Controls + Year + Industry +$$

$$\sum \alpha_j \times Highedupercent \times Industry + \varepsilon \tag{7-3}$$

$$Fraud = \beta_0 + \beta_1 \times LnPay + \sum \beta_i \times Controls + Year + Industry + \sum \beta_j \times LnPay \times Industry + \varepsilon$$

$$\tag{7-4}$$

在模型（7-3）中，高学历员工比例对财务报告舞弊的防范作用的行业敏感性系数为 $\alpha_1 + \alpha_j$，该系数越小，说明越敏感；在模型（7-4）中，员工薪酬对财务报告舞弊的防范作用的行业敏感性系数为 $\beta_1 + \beta_j$，该系数越小，说明越敏感。表7-7报告了人力资本的财务报告舞弊防范作用的行业敏感性排序统计结果。高学历员工或员工薪酬的舞弊防范作用的敏感性排序越往后，表示敏感性越弱。从排序中可以看出，居民服务、修理和其他服务业以及住宿和餐饮业对人力资本的舞弊防范作用的敏感性最高，同时体现在高学历员工占比和员工薪酬水平两个方面。而综合行业的敏感性最低，企业中的人力资本对财务报告舞弊具有很弱的防范作用。

表 7-7　企业人力资本的财务报告舞弊防范作用的行业敏感性排序

行业	高学历员工的舞弊防范作用的敏感性排序	员工薪酬的舞弊防范作用的敏感性排序
农、林、牧、渔业	6	5
采矿业	13	11
C1 制造业（食品、纺织、皮革等）	18	13
C2 制造业（家具、印刷、医药、化学等）	17	14
C3 制造业（金属冶炼、运输、电子等）	12	9
C4 制造业（仪器仪表、设备、其他等）	7	4
电力、热力、燃气及水生产和供应业	11	6
建筑业	16	16
批发和零售业	8	10
交通运输、仓储和邮政业	3	8
住宿和餐饮业	2	2
信息传输、软件和信息技术服务业	15	17
房地产业	14	7
租赁和商务服务业	20	19
科学研究和技术服务业	4	12
水利、环境和公共设施管理业	19	18
居民服务、修理和其他服务业	1	1
教育	5	3
卫生和社会工作	9	20
文化、体育和娱乐业	10	15
综合	21	21

进一步地，本节将样本按舞弊防范作用的行业敏感性系数的中位数分为两组，即低敏感性组与高敏感性组，然后在两个组内分别进行模型（7-1）和模型（7-2）的回归。表 7-8 报告了按行业敏感性分组回归的结果。从第（1）（2）

列的结果可以看出，高学历员工比例对企业高质量审计师选择的影响在高敏感性行业显著更强（回归系数为0.810，在1%的置信水平上显著），而在低敏感性行业则不显著，并且低敏感组与高敏感组的回归系数差异是显著的（p=0.053）。另外，第（3）（4）列的研究生学历员工比例回归也呈现出了相似的结果（在高敏感性行业的回归系数为3.684，在1%的置信水平上显著），并且低敏感组与高敏感组的回归系数差异是显著的（p=0.021）。而员工薪酬水平对高质量审计师的选择不论在低敏感组还是高敏感组均表现出显著的影响，说明行业敏感性对其的影响并不显著。

表7-8　人力资本的财务报告舞弊防范作用的行业敏感性分组回归

变量名称	Big4（是否四大）					
	低敏感 (1)	高敏感 (2)	低敏感 (3)	高敏感 (4)	低敏感 (5)	高敏感 (6)
Highedupercent（高学历员工占比）	0.037 (0.139)	0.810*** (2.715)				
Masterpercent（研究生学历员工占比）			0.531 (0.615)	3.684*** (3.490)		
LnPay（员工薪酬水平）					0.438*** (4.308)	0.442*** (4.064)
Size（企业规模）	0.699*** (12.038)	0.541*** (8.601)	0.695*** (11.947)	0.534*** (8.413)	0.635*** (10.586)	0.527*** (8.188)
Lev（企业负债率）	-0.867*** (-2.601)	-0.063 (-0.196)	-0.852** (-2.552)	-0.054 (-0.166)	-0.641* (-1.950)	-0.271 (-0.804)
ROA（总资产收益率）	1.418 (1.343)	0.909 (0.987)	1.477 (1.393)	0.941 (1.009)	1.340 (1.326)	0.916 (1.009)
BTM（账面市值比）	-0.295 (-1.101)	-0.539* (-1.783)	-0.273 (-1.016)	-0.515* (-1.710)	-0.300 (-1.047)	-0.429 (-1.520)
Salesgrowth（营业收入增长率）	-0.138** (-2.292)	-0.294*** (-4.100)	-0.141** (-2.336)	-0.296*** (-4.138)	-0.162*** (-2.613)	-0.258*** (-3.818)
Inventory（存货）	-0.712 (-1.291)	-1.853*** (-3.429)	-0.716 (-1.294)	-1.761*** (-3.314)	-0.831 (-1.504)	-1.838*** (-3.462)
Loss（是否亏损）	-0.087 (-0.813)	0.060 (0.438)	-0.086 (-0.805)	0.064 (0.472)	-0.035 (-0.335)	-0.024 (-0.160)

续表

变量名称	Big4（是否四大）					
	低敏感 （1）	高敏感 （2）	低敏感 （3）	高敏感 （4）	低敏感 （5）	高敏感 （6）
MAO （审计意见是否非标）	−0.387 （−1.388）	0.265 （1.192）	−0.388 （−1.399）	0.247 （1.103）	−0.285 （−0.852）	0.247 （1.119）
截距项	−17.014*** （−13.544）	−13.511*** （−9.807）	−16.962*** （−13.496）	−13.361*** （−9.626）	−15.987*** （−13.985）	−13.863*** （−9.934）
p 值（低敏感=高敏感）	0.053		0.021		0.978	
年度固定效应	控制	控制	控制	控制	控制	控制
行业固定效应	控制	控制	控制	控制	控制	控制
样本量	11185	10657	11185	10657	11247	10595
伪 R^2	0.337	0.257	0.337	0.261	0.332	0.293
Wald chi2 值	1292.82***	856.54***	1285.36***	878.96***	1242.97***	1029.96***

注：本表报告了企业人力资本与高质量审计选择在人力资本的财务报告舞弊防范作用的行业敏感性分组下的回归分析结果。本节计算出各个行业对于企业人力资本对财务报告舞弊的防范作用的敏感性，将样本分为低敏感行业组与高敏感行业组，然后在两个组内分别进行回归。因变量为高质量审计（Big4）。关键自变量包括高学历员工比例（Highedupercent）、研究生学历员工比例（Masterpercent）以及员工薪酬（LnPay）。本书对连续变量在1%和99%水平上进行了 Winsorized 处理。对于回归模型残差，本书在企业层面进行了聚类处理。本表全部采用 Probit 回归，报告模型的伪 R^2 和 Wald chi2 值。括号中报告的是 z 值。*、**、*** 分别表示回归系数在10%、5%、1%的置信水平下显著。变量定义见表7-2。

上述结果为本节的预测提供了一定的证据支持，即企业人力资本对高质量审计师的选择在不同敏感程度的行业间存在差异，具体表现在高学历员工（特别是研究生学历员工）比例对高质量审计师选择的影响在高敏感性行业更加显著，而在低敏感性行业不甚显著。因此，本节的结果发现，企业人力资本对审计师选择的影响是源于企业为维护人力资本而减少了其舞弊行为。

四、横截面分析：行业敏感性分组回归Ⅱ

在前面一小节中，本书发现企业人力资本对审计师选择的影响是源于人力资本抑制了企业舞弊行为的发生，即讨论了第六章与第七章之间的关系。而在第六章第五节中，本书发现人力资本对舞弊行为的防范作用是源于舞弊曝光对人力资本的损害，即讨论了第五章与第六章之间的关系。为了进一步说明财务报告舞弊、企业人力资本与高质量审计师选择这三者之间的关系，本节将直接分析第五章与第七章之间的关系，以再次检验前述关系的正确性。

由第五章的结果可知，财务报告舞弊曝光会损害企业人力资本。本节与第六章的第五节的思路一致，从第五章的这一主结果出发，进一步提取出不同行业的回归系数，作为该行业对舞弊的人力资本损害效应的敏感性。本节预测，在敏感性更高的行业中，舞弊事发后的人力资本损害更大，因此人力资本对舞弊的防范作用将会更显著，从而企业会计信息质量更高、更有动机聘请高质量审计师以达到信号效应的目的；而在敏感性比较低的行业中，企业在舞弊事发后经受的人力资本损害相对较轻，因此人力资本的舞弊防范作用较弱或者不显著，从而企业也并无明显动机去选择高质量审计师。

因此，本节认为，企业人力资本对聘请高质量审计师的促进作用是源于企业对舞弊事发可能造成的人力资本损害的规避，因此企业选择减少其舞弊行为。与第六章第五节相同，本节基于第五章的模型（5-2）与模型（5-3），加入行业固定效应与舞弊变量的交互项，构建模型（6-3）与模型（6-4）以提取不同行业对舞弊曝光的人力资本损害效应的敏感性系数。

本节将样本按人力资本损害的行业敏感性系数的中位数分为两组，即低敏感性组与高敏感性组，然后在两个组内分别进行模型（7-1）和模型（7-2）的回归。表7-9报告了按行业敏感性分组回归的结果。从第（1）（2）列的结果可以看出，高学历员工比例对企业高质量审计师选择的影响在高敏感性行业显著更强（回归系数为0.749，在5%的置信水平上显著），而在低敏感性行业则不显著，并且低敏感组与高敏感组的回归系数差异是刚好显著的（$p=0.104$）。另外，第（3）（4）列的研究生学历员工比例回归也呈现出了相似的结果（在高敏感性行业的回归系数为3.581，在1%的置信水平上显著），并且低敏感组与高敏感组的回归系数差异是显著的（$p=0.058$）。而员工薪酬水平对高质量审计师的选择不论在低敏感组还是高敏感组均表现出显著的影响，说明行业敏感性对其的影响并不显著。

表 7-9　财务报告舞弊曝光的人力资本损害效应的行业敏感性分组回归

变量名称	Big4（是否四大）					
	低敏感 （1）	高敏感 （2）	低敏感 （3）	高敏感 （4）	低敏感 （5）	高敏感 （6）
Highedupercent （高学历员工占比）	0.111 （0.444）	0.749 ** （2.480）				
Masterpercent （研究生学历员工占比）			0.933 （1.162）	3.581 *** （3.126）		
LnPay （员工薪酬水平）					0.438 *** （4.308）	0.442 *** （4.064）
Size （企业规模）	0.621 *** （10.535）	0.621 *** （10.269）	0.613 *** （10.291）	0.621 *** （10.268）	0.635 *** （10.586）	0.527 *** （8.188）
Lev （企业负债率）	−0.310 （−0.915）	−0.668 ** （−2.041）	−0.279 （−0.828）	−0.647 * （−1.958）	−0.641 * （−1.950）	−0.271 （−0.804）
ROA （总资产收益率）	1.932 * （1.801）	0.310 （0.314）	2.026 * （1.873）	0.324 （0.325）	1.340 （1.326）	0.916 （1.009）
BTM （账面市值比）	−0.189 （−0.662）	−0.581 ** （−2.031）	−0.150 （−0.524）	−0.562 ** （−1.969）	−0.300 （−1.047）	−0.429 （−1.520）
Salesgrowth （营业收入增长率）	−0.289 *** （−4.035）	−0.148 *** （−2.588）	−0.293 *** （−4.084）	−0.152 *** （−2.660）	−0.162 *** （−2.613）	−0.258 *** （−3.818）
Inventory （存货）	−0.676 （−0.978）	−1.805 *** （−3.730）	−0.683 （−0.984）	−1.726 *** （−3.590）	−0.831 （−1.504）	−1.838 *** （−3.462）
Loss （是否亏损）	−0.118 （−1.112）	0.060 （0.446）	−0.116 （−1.083）	0.062 （0.460）	−0.035 （−0.335）	−0.024 （−0.160）
MAO （审计意见是否非标）	−0.341 （−0.773）	0.211 （0.952）	−0.346 （−0.786）	0.183 （0.817）	−0.285 （−0.852）	0.247 （1.119）
截距项	−15.510 *** （−12.326）	−15.020 *** （−11.072）	−15.385 *** （−12.149）	−15.039 *** （−11.048）	−15.987 *** （−13.985）	−13.863 *** （−9.934）
p 值（低敏感=高敏感）	0.104		0.058		0.978	
年度固定效应	控制	控制	控制	控制	控制	控制
行业固定效应	控制	控制	控制	控制	控制	控制
样本量	11457	10385	11457	10385	11247	10595
伪 R^2	0.310	0.287	0.311	0.290	0.332	0.293

续表

变量名称	Big4（是否四大）					
	低敏感（1）	高敏感（2）	低敏感（3）	高敏感（4）	低敏感（5）	高敏感（6）
Wald chi2 值	997.22 ***	1147.64 ***	998.75 ***	1144.80 ***	1242.97 ***	1029.96 ***

注：本表报告了企业人力资本与高质量审计师选择在财务报告舞弊曝光的人力资本损害效应的行业敏感性分组下的回归分析结果。本节计算出各个行业对于财务报告舞弊曝光的人力资本损害的敏感性，将样本分为低敏感行业组与高敏感行业组，然后在两个组内分别进行回归。因变量为高质量审计师（Big4）。关键自变量包括高学历员工比例（Highedupercent）、研究生学历员工比例（Masterpercent）以及员工薪酬（LnPay）。本书对连续变量在1%和99%水平上进行了Winsorized处理。对于回归模型残差，本书在企业层面进行了聚类处理。本表全部采用Probit回归，报告模型的伪R^2和Wald chi2值。括号中报告的是z值。*、**、*** 分别表示回归系数在10%、5%、1%的置信水平下显著。变量定义见表7-2。

上述结果为本节的预测提供了一定的证据支持，即企业人力资本对高质量审计师的选择在不同敏感程度的行业间存在差异，具体表现在高学历员工（特别是研究生学历员工）比例对高质量审计师选择的影响在高敏感性行业更加显著，而在低敏感性行业不甚显著。因此，本节的研究结果发现，企业人力资本对审计师选择的影响是源于企业对财务报告舞弊曝光可能造成的人力资本损害的规避，以致其减少了舞弊行为。也就是说，由于财务报告舞弊曝光对人力资本的损害，人力资本水平高的企业选择减少舞弊行为，进而这些企业也会聘请高质量审计师。本节结合第六章第五节和第七章第五节，综合说明了财务报告舞弊、企业人力资本与高质量审计师选择三者之间的关系。

五、稳健性检验：控制高管特征的影响

本节考虑了高管特征对企业人力资本促进高质量审计师选择的可能影响。同第六章第五节，高管特征可能会影响企业的审计师选择决策。例如，年长和具有海外背景的高管可能更在乎声誉，因此更倾向于聘请国际四大。此外，对于其招聘偏好，高学历高管可能更倾向于招聘高学历员工。因此，企业人力资本会受到高管学历的影响。本节拟检验高质量审计师选择效应是否受到了高管特征的影响。本节采用CSMAR数据库中的董监高个人特征数据，构造了高管平均年龄

（*Lnmeanage*）、女性高管比例（*Femalepercent*）、具有海外背景高管比例（*Overseabackpercent*）、具有金融背景高管比例（*Finbackpercent*）以及高学历高管比例（*Highedubackpercent*），并在原模型（7-1）和原模型（7-2）中加以控制，以检验主回归结果的稳健性。

表 7-10 报告了控制高管特征影响的回归结果。由此可以看出，在控制了上述 5 个高管特征后，企业人力资本依然对聘请高质量审计师产生了显著的促进作用，具体体现在高学历（研究生学历）员工占比和员工薪酬水平越高，企业聘请国际四大会计师事务所的可能性越高，证明了主回归结果具有一定稳健性。此外，高管平均年龄和海外背景高管比例的回归系数显著为正，表明高管年龄越大、海外背景比例越高，选择高质量审计师的可能性越高。

表 7-10 稳健性检验：控制高管特征的影响

变量名称	Big4（是否四大）		
	（1）	（2）	（3）
Highedupercent （高学历员工占比）	0.375 * （1.910）		
Masterpercent （研究生学历员工占比）		1.634 ** （2.469）	
LnPay （员工薪酬水平）			0.391 *** （5.002）
Size （企业规模）	0.542 *** （12.499）	0.540 *** （12.432）	0.516 *** （11.719）
Lev （企业负债率）	−0.318 （−1.277）	−0.298 （−1.194）	−0.283 （−1.126）
ROA （总资产收益率）	1.449 * （1.957）	1.499 ** （2.012）	1.368 * （1.898）
BTM （账面市值比）	−0.209 （−1.017）	−0.192 （−0.933）	−0.185 （−0.896）
Salesgrowth （营业收入增长率）	−0.189 *** （−3.851）	−0.193 *** （−3.918）	−0.195 *** （−4.025）
Inventory （存货）	−1.355 *** （−3.383）	−1.330 *** （−3.326）	−1.382 *** （−3.439）

续表

变量名称	Big4（是否四大）		
	（1）	（2）	（3）
Loss （是否亏损）	-0.003 （-0.033）	-0.001 （-0.012）	-0.020 （-0.220）
MAO （审计意见是否非标）	0.096 （0.487）	0.083 （0.419）	0.094 （0.480）
Lnmeanage （高管平均年龄）	2.042*** （2.630）	2.007** （2.574）	1.784** （2.311）
Femalepercent （女性高管比例）	0.154 （0.393）	0.159 （0.406）	0.151 （0.383）
Overseabackpercent （具有海外背景高管比例）	3.288*** （7.454）	3.265*** （7.409）	3.151*** （7.102）
Finbackpercent （具有金融背景高管比例）	0.325 （0.834）	0.304 （0.780）	0.284 （0.725）
Highedubackpercent （高学历高管比例）	-0.185 （-1.470）	-0.179 （-1.418）	-0.146 （-1.165）
截距项	-21.747*** （-7.192）	-21.583*** （-7.111）	-20.853*** （-6.965）
年度固定效应	控制	控制	控制
行业固定效应	控制	控制	控制
样本量	21842	21842	21842
伪 R^2	0.330	0.331	0.341
Wald chi2 值	2177.32***	2200.51***	2228.42***

注：本表报告了企业人力资本与高质量审计师选择在控制高管特征后的检验结果。因变量为高质量审计师（Big4）。关键自变量包括高学历员工比例（Highedupercent）、研究生学历员工比例（Masterpercent）以及员工薪酬（LnPay）。此外，回归中额外控制了高管平均年龄（Lnmeanage）、女性高管比例（Femalepercent）、具有海外背景高管比例（Overseabackpercent）、具有金融背景高管比例（Finbackpercent）以及高学历高管比例（Highedubackpercent）。本书对连续变量在1%和99%水平上进行了 Winsorized 处理。对于回归模型残差，本书在企业层面进行了聚类处理。本表全部采用 Probit 回归，报告模型的伪 R^2 和 Wald chi2 值。括号中报告的是 z 值。*、**、***分别表示回归系数在10%、5%、1%的置信水平下显著。变量定义见表7-2。

六、稳健性检验：线性概率模型

本节检验了主回归结果的稳健性。本节将原模型（7-1）与原模型（7-2）

的 Probit 回归替换为线性概率模型（LPM）回归，并在表 7-11 报告了回归结果。结果表明，本章的主要研究结论在 LPM 回归下依然成立，即企业人力资本促进了对高质量审计师的选择。当企业中高学历员工比例越高、员工薪酬水平越高时，更可能聘请国际四大会计师事务所进行审计。因此，本章的回归结果具有一定稳健性。

表 7-11　稳健性检验：线性概率模型

变量名称	LPM 模型		
	Big4（是否四大）		
	(1)	(2)	(3)
Highedupercent（高学历员工占比）	0.032 * (1.675)		
Masterpercent（研究生学历员工占比）		0.170 ** (2.115)	
LnPay（员工薪酬水平）			0.045 *** (5.068)
Size（企业规模）	0.080 *** (11.972)	0.079 *** (11.887)	0.075 *** (11.400)
Lev（企业负债率）	-0.067 *** (-3.593)	-0.066 *** (-3.533)	-0.061 *** (-3.286)
ROA（总资产收益率）	-0.000 (-0.002)	0.001 (0.037)	-0.001 (-0.029)
BTM（账面市值比）	-0.093 *** (-4.755)	-0.090 *** (-4.632)	-0.084 *** (-4.345)
Salesgrowth（营业收入增长率）	-0.017 *** (-5.563)	-0.017 *** (-5.622)	-0.017 *** (-5.603)
Inventory（存货）	-0.114 *** (-3.352)	-0.114 *** (-3.359)	-0.115 *** (-3.406)
Loss（是否亏损）	-0.001 (-0.080)	-0.001 (-0.124)	-0.001 (-0.209)
MAO（审计意见是否非标）	0.020 * (1.688)	0.020 * (1.669)	0.020 * (1.696)
截距项	-1.589 *** (-11.912)	-1.580 *** (-11.829)	-1.561 *** (-11.820)

续表

变量名称	LPM 模型		
	Big4（是否四大）		
	（1）	（2）	（3）
年度固定效应	控制	控制	控制
行业固定效应	控制	控制	控制
样本量	22046	22046	22046
R^2	0.156	0.157	0.163
F 值	1728.40***	1235.68***	174.02***

注：本表报告了企业人力资本与高质量审计师选择的模型稳健性检验结果。本节将原模型（7-1）与原模型（7-2）的 Probit 回归替换为线性概率模型（LPM）进行回归。因变量为高质量审计师（Big4）。关键自变量包括高学历员工比例（Highedupercent）、研究生学历员工比例（Masterpercent）以及员工薪酬（LnPay）。本书对连续变量在1%和99%水平上进行了 Winsorized 处理。对于回归模型残差，本书在企业层面进行了聚类处理。本表全部采用 LPM 回归，报告模型的 R^2 和 F 值。括号中报告的是 t 值。*、**、***分别表示回归系数在10%、5%、1%的置信水平下显著。变量定义见表7-2。

第六节　研究结论

本章的研究问题是企业人力资本对高质量审计师选择的影响。本章的研究假设认为，企业人力资本能够影响其对高质量审计师的选择，较高的高学历员工比例和员工薪酬水平可能会增加（降低）企业选择高质量审计师的可能性。本章以我国2011~2019年A股上市公司为样本，考察了企业人力资本对高质量审计师选择的影响。本章研究发现，企业人力资本对高质量审计师选择具有正向影响。当企业具有较高的高学历员工（尤其是研究生学历员工）比例和员工薪酬水平时，选择高质量审计师的可能性越高。其中的原因是，高水平人力资本具有舞弊防范作用，从而选择高质量审计师可发挥信号效应。

此外，本章采用工具变量法，对高学历员工占比进行工具变量回归，在一定程度上缓解了研究的内生性，再次验证了人力资本能够增加企业选择高质量审计师的可能性。另外，本章结合第五、六章研究内容，计算不同行业对人力资本对财务报告舞弊的防范作用的敏感性和财务报告舞弊的人力资本损害的敏感性，通过横截面分析发现，企业人力资本（主要是高学历员工比例）对高质量审计师选择的影响均在高敏感性行业更强，因为在高敏感性行业中，财务报告舞弊曝光对人力资本的损害更严重，所以人力资本的舞弊防范作用更大，企业选择高质量审计师的动机更强。由此证明了人力资本对审计师选择的影响是源于企业为了规避舞弊曝光可能带来的人力资本损害而减少了其舞弊行为。此外，本章控制了高管特征，并将 Probit 模型替换为线性概率模型（LPM），均验证了主回归结果的稳健性。

本章的研究贡献有以下两个方面：一是扩展了审计师选择的影响因素的研究。已有研究多数从委托代理理论出发，以降低代理成本作为企业选择高质量审计师的主要原因。而本章从信号理论和成本—收益分析出发，研究发现企业人力资本，表现在员工学历结构和员工薪酬方面，能够对高质量审计师选择产生正向影响。二是为"会计与劳动力市场"研究领域做出了一定贡献。本章与第五、六章实证研究相结合，从员工雇佣的视角综合研究了财务报告舞弊、企业人力资本与审计师选择之间的关系，发现财务报告舞弊曝光会损害企业的人力资本，而人力资本可以抑制企业财务报告舞弊行为，并促使企业选择高质量的审计师。

第八章 结语

第一节 研究结论

本书的研究问题是企业人力资本与财务报告舞弊防范——基于员工雇佣视角的分析。围绕这一研究问题，本书主要开展了以下三个方面的研究：①财务报告舞弊曝光对企业人力资本的损害研究；②企业人力资本对财务报告舞弊的防范作用研究；③企业人力资本对高质量审计师选择的影响研究。首先，本书通过理论分析，构建局部均衡模型，求解企业利润最大化问题，得到了均衡状态时企业财务报告舞弊与人力资本水平的关系。其次，从理论分析的推论出发，以我国2011～2019年A股上市公司为样本，本书进行实证研究并得到了如下的研究结论：

在实证分析第一部分中，本书研究了财务报告舞弊曝光对企业人力资本的损害。本部分发现，财务报告舞弊曝光会损害企业的人力资本。在企业因财务报告舞弊被处罚后，员工特别是高学历员工离职的概率增加，高学历员工占总员工人数的比例有所下降。另外，舞弊事发后的员工薪酬水平有所下降。通过横截面分析发现，财务报告舞弊曝光对高学历员工占比减少的影响仅在行业集中度低的时候显著，此时高学历员工更容易在同行业中寻找到新的工作。最后，通过经济后果检验发现，财务报告舞弊曝光使企业中高学历员工流失，进而还降低了企业生产率。并且，财务报告舞弊曝光通过降低员工薪酬水平，从而降低了企业的创新产出。

在实证分析第二部分中，本书研究了企业人力资本对财务报告舞弊的防范作用。本部分发现，优质人力资本能够抑制企业的舞弊行为。当企业具有较高的高学历员工比例和员工薪酬水平时，企业财务报告舞弊行为发生的可能性越低。此外，为了缓解研究的内生性问题，本部分采用各省份高校数量和大学毕业生数量占总人口的比例作为企业高学历员工占比的工具变量，进一步验证了人力资本对财务报告舞弊的防范作用。通过横截面分析发现，企业人力资本对财务报告舞弊的防范作用仅在高科技企业中显著，因为高科技企业更重视人力资本，更愿意付出努力去维护人力资本。最后，本部分结合实证分析第一部分的研究结果，计算不同行业对财务报告舞弊曝光的人力资本损害的敏感性，并研究发现企业人力资本（主要是员工薪酬方面）对财务报告舞弊的防范作用在高敏感性行业更为显著，证明人力资本对舞弊行为的抑制是源于企业对舞弊曝光可能造成的人力资本损害的规避。因此，横截面分析证明了人力资本的声誉效应，与 Call 等（2017）所提出的监督效应有所区分。

　　在实证分析第三部分中，本书研究了企业人力资本对高质量审计师选择的影响。本部分发现，优质人力资本能够给企业的高质量审计师选择带来正向影响，这是作为人力资本的舞弊防范作用的衍生影响。当企业的高学历员工比例（尤其是研究生学历员工比例）和员工薪酬较高时，企业选择聘请国际四大会计师事务所的概率更高。此外，为了缓解研究的内生性问题，本部分采用各省份高校数量和大学毕业生数量占总人口的比例作为企业高学历员工占比的工具变量，进一步验证了企业人力资本对高质量审计师选择的正向影响。最后，本部分结合实证分析第一、二部分的研究结果，计算不同行业对人力资本的舞弊防范作用的敏感性和财务报告舞弊曝光的人力资本损害的敏感性，并通过横截面分析发现，企业人力资本（主要是高学历员工占比方面）对高质量审计师选择的影响均在高敏感性行业更为显著，证明人力资本对审计师选择的影响是源于企业为了规避财务报告舞弊曝光的人力资本损害从而减少了其舞弊行为。

　　综上所述，本书研究发现，财务报告舞弊曝光损害了企业的人力资本，而人力资本能够抑制企业舞弊行为，并促使企业聘请高质量的审计师。本书通过员工雇佣的视角研究了财务报告舞弊、企业人力资本与审计师聘请之间的关系，强调了人力资本对企业的重要性及其舞弊防范作用。

第二节　政策启示与建议

　　基于本书的主要研究结论，本书分别对资本市场监管部门、劳动保障与监察部门及企业提出以下三点政策启示与建议：

　　首先，对资本市场监管部门而言：本书揭示了财务报告舞弊在普通员工劳动力市场的经济后果，即对企业人力资本的损害，深化了我们对财务报告舞弊的社会成本的理解。因此，本书提醒监管部门重视财务报告舞弊的劳动力市场后果并加强资本市场会计监管，促进企业提高会计信息质量和信息透明度，以期减少企业财务报告舞弊行为及其可能带来的各方面负面影响，尤其是对人力资本的负面影响。本书强调了会计监管的重要性，为加强和完善我国会计监督管理体系提供了决策参考。此外，基于人力资本的舞弊防范作用，监管部门也可以将企业员工雇佣和人力资本水平作为企业进行舞弊与否的判断依据之一，因此本书也能够帮助资本市场更好地识别"问题企业"，改善资本市场信息环境。

　　其次，对劳动保障与监察部门而言：本书对于企业人力资本（包括普通员工和高学历员工）的研究，与国家所关注的就业问题以及所倡导的人才强国战略相呼应，具有现实意义。本书提醒相关劳动部门防范财务报告舞弊可能导致的劳动力市场风险，提前制定相应的就业稳定政策，以减轻企业舞弊事发后带来的员工失业、减薪等负面冲击的影响。例如，如果员工因企业舞弊而导致失业或减薪时，当地劳动保障部门可以为其发放一定的救济或补助，以减轻企业舞弊对员工就业的负面冲击。本书对劳动部门的政策启示与建议有助于推进我国人力资本的建设和维护，解决就业这一重要的民生问题。

　　最后，对企业而言：本书强调了人力资本在企业中的重要性，尤其是在高科技企业等人力资本占主导的行业中。因为高额的劳动力调整成本以及昂贵的人才流失代价的存在，所以企业应重视对人力资本的维护，尤其是对高层次（高学历、高技能等）人才的维护，尽量降低人员流动率、维持员工稳定性，让人力资本更好地为企业创造价值，迸发企业创新活力。目前各地推行的人才引进政策也为企业制定相应的人力资本维护策略提供了参考。另外，由于员工离职可能是主动的，也可能是被动的，因此企业应从这两个方面都做好维护：一方面，企业可以对高层次人才设置更诱人的薪酬福利方案，并努力维护企业形象和声誉，以吸引和留住人才；另一方面，企业应当提高公司治理水平和经营管理效率，加强现金流管理水平和资金使用效率，降低融资约束，尽量避免因现金流匮乏而被迫裁员的情况。

第三节　研究贡献

本书的研究贡献主要有以下四个方面：

第一，本书拓展了"会计与劳动力市场"的研究，丰富了会计信息与企业人力资本方向的文献。一方面，本书丰富了对财务报告舞弊的经济后果的研究，特别是在劳动力市场的经济后果，得出了舞弊曝光导致人力资本损害的研究结论；另一方面，本书丰富了对劳动力市场中的普通员工的研究，尤其是揭示企业高水平人力资本能够带来舞弊防范作用。本书从财务报告舞弊角度，帮助我们更好地理解企业中员工离职和员工薪酬的影响因素及经济后果。

第二，本书基于中国上市公司披露的员工学历数据，构造员工学历结构变量，衡量企业中的高学历员工占比，具有一定独特性。并且发现了财务报告舞弊曝光后高学历员工与普通员工的行为差异：高学历员工的就业自由度更高、掌握企业内部信息更多，因此对舞弊的反应更敏感，在企业舞弊被揭发后其离职率显著上升；而普通员工就业能力较差、换工作较困难，因此在舞弊曝光后其离职率的增加在经济上和统计上都显著小于高学历员工。

第三，本书对财务报告舞弊与企业人力资本之间的关系进行了双向、综合的研究，一方面扩展了财务报告舞弊的劳动力市场后果，即企业的人力资本损害；另一方面扩展了财务报告舞弊的影响因素，即企业的人力资本水平。本书从会计信息监管的视角深化了我们对普通员工人力资本的认识和理解，以期为会计信息造假与员工雇佣相关研究领域做出一定贡献。

第四，本书基于信号理论和成本—收益分析，扩展了企业对审计师选择的影响因素的研究，发现企业人力资本能够对高质量审计师选择产生正向影响，具有优质人力资本的企业会聘请国际四大事务所。本书的实证研究三结合实证研究一、二进一步证明了人力资本对企业的重要性，展示人力资本具有防范财务报告舞弊发生、促使企业聘请高质量审计师的作用，以此发挥人力资本的声誉效应。

第四节　研究局限与未来研究展望

本书的研究局限与未来研究展望主要包括以下两个方面：

第一，内生性问题在财务报告舞弊的相关研究中一直没有得到很好的解决（McNichols 和 Stubben，2008）。由于财务报告舞弊与其他企业行为或特质往往都是内生决定的，本书采用的实证研究方法可能无法完全解决研究中的内生性问题。虽然本书已经采用了熵平衡匹配的方法将舞弊企业与非舞弊企业进行匹配，以及采用工具变量法拆分出企业人力资本的外生部分，以试图缓解研究设计中的内生性问题、辅助因果推断，但受制于研究设计的内在局限性与数据可得性，并不能将可能的内生性问题完全解决。在未来的研究中，可以通过更加精细的研究设计，例如，借助一些外生冲击事件，来更好地缓解内生性问题，以帮助我们更好地识别财务报告舞弊的经济后果。

第二，对于中国制度背景下会计信息与普通员工劳动力市场之间的研究还不充分。由于我国制度环境与西方国家存在较大差异，西方国家已有的研究结论在中国不一定适用。因此在未来的研究中，应该进一步关注中国制度背景特点，结合中国的劳动力就业政策与资本市场制度研究其对于企业劳动力决策的影响。此外，在中国的企业员工数据中，还包含员工岗位等数据，在未来的研究中可以进一步加以利用。我们也可以借助数据抓取等技术采集企业招聘广告等更具精细度的数据，以便我们更充分地了解企业员工雇佣决策，全面分析财务报告舞弊等会计信息或行为对劳动力市场的影响。

参考文献

[1] Abowd, J. M. , Haltiwanger, J. , Jarmin, R. , Lane, J. , Lengermann, P. , McCue, K. , McKinney, K. , and Sandusky, K. The Relation among Human Capital, Productivity, and Market Value: Building up from Micro Evidence [A]//Measuring Capital in the New Economy [M]. Chicago: University of Chicago Press, 2005.

[2] Acemoglu, D. , and Autor, D. What Does Human Capital Do? A Review of Goldin and Katz's the Race Between Education and Technology [J]. Journal of Economic Literature, 2012, 50 (2): 426-463.

[3] Aggarwal, R. K. , and Samwick, A. A. The Other Side of the Trade-off: The Impact of Risk on Executive Compensation [J]. Journal of Political Economy, 1999, 107 (1): 65-105.

[4] Agrawal, A. K. , and Matsa, D. A. Labor Unemployment Risk and Corporate Financing Decisions [J]. Journal of Financial Economics, 2013, 108 (2): 449-470.

[5] Akerlof, G. A. , and Yellen, J. L. The Fair Wage-effort Hypothesis and Unemployment [J]. Quarterly Journal of Economics, 1990, 105 (2): 255-283.

[6] Amel-Zadeh, A. , and Zhang, Y. The Economic Consequences of Financial Restatements: Evidence from the Market for Corporate Control [J]. The Accounting Review, 2014, 90 (1): 1-29.

[7] Amiram, D. , Bozanic, Z. , Cox, J. D. , Dupont, Q. , Karpoff, J. M. , and Sloan, R. Financial Reporting Fraud and Other Forms of Misconduct: A Multidisciplinary Review of the Literature [J]. Review of Accounting Studies, 2018, 23 (2):

732-783.

[8] Anderson, K. L. , and Yohn, T. L. The Effect of 10K Restatements on Firm Value, Information Asymmetries, and Investors' Reliance on Earnings [R]. Working Paper, 2002.

[9] Antoni, M. , Maug, E. , and Obernberger, S. Private Equity and Human Capital Risk [J]. Journal of Financial Economics, 2019, 133 (3): 634-657.

[10] Arthaud-Day, M. L. , Certo, S. T. , Dalton, C. M. , and Dalton, D. R. A Changing of the Guard: Executive and Director Turnover Following Corporate Financial Restatements [J]. Academy of Management Journal, 2006, 49 (6): 1119-1136.

[11] Atanassov, J. , and Kim, E. Labor and Corporate Governance: International Evidence from Restructuring Decisions [J]. The Journal of Finance, 2009, 64 (1): 341-374.

[12] Baghai, R. , Silva, R. , Thell, V. , and Vig, V. Talent in Distressed Firms: Investigating the Labor Costs of Financial Distress [R]. Working Paper, 2020.

[13] Banker, R. D. , Byzalov, D. , and Chen, L. T. Employment Protection Legislation, Adjustment Costs and Cross-country Differences in Cost Behavior [J]. Journal of Accounting and Economics, 2013, 55 (1): 111-127.

[14] Banker, R. D. , Devaraj, S. , Schroeder, R. G. , and Sinha, K. K. Performance Impact of the Elimination of Direct Labor Variance Reporting: A Field Study [J]. Journal of Accounting Research, 2002, 40 (4): 1013-1036.

[15] Barro, R. J. , and Lee, J. W. International Comparisons of Educational Attainment [J]. Journal of Monetary Economics, 1993, 32 (3): 363-394.

[16] Beasley, M. S. , and Petroni, K. R. Board Independence and Audit-firm Type [J]. Auditing: A Journal of Practice and Theory, 2001, 20 (1): 97-114.

[17] Beck, M. J. , Francis, J, R. , and Gunn, J. L. Public Company Audits and City-specific Labor Characteristics [J]. Contemporary Accounting Research, 2018, 35 (1): 394-433.

[18] Becker, G. S. Human Capital: A Theoretical and Empirical Analysis with

Special Reference to Education [M]. Chicago: University of Chicago Press, 1964.

[19] Belo, F., Li, J., Lin, X., and Zhao, X. Labor-force Heterogeneity and Asset Prices: The Importance of Skilled Labor [J]. The Review of Financial Studies, 2017, 30 (10): 3669-3709.

[20] Beneish, M. D. Incentives and Penalties Related to Earnings Overstatements that Violate GAAP [J]. The Accounting Review, 1999, 74 (4): 425-457.

[21] Benmelech, E., and Bergman, N. K. Bankruptcy and the Collateral Channel [J]. The Journal of Finance, 2011, 66 (2): 337-378.

[22] Benmelech, E., Frydman, C., and Papanikolaou, D. Financial Frictions and Employment during the Great Depression [J]. Journal of Financial Economics, 2019, 133 (3): 541-563.

[23] Ben-Nasr, H., and Alshwer, A. A. Does Stock Price Informativeness Affect Labor Investment Efficiency [J]. Journal of Corporate Finance, 2016 (38): 249-271.

[24] Bentolila, S., Jansen, M., and Jiménez, G. When Credit Dries up: Job Losses in the Great Recession [J]. Journal of the European Economic Association, 2018 (16): 650-695.

[25] Bernstein, S., Colonnelli, E., Giroud, X, and Iverson, B. Bankruptcy Spillovers [J]. Journal of Financial Economics, 2019 (133): 608-633.

[26] Betermier, S., Jansson, T., Parlour, C., and Walden, J. Hedging Labor Income Risk [J]. Journal of Financial Economics, 2012, 105 (3): 622-639.

[27] Blatter, M., Muehlemann, S., and Schenker, S. The Costs of Hiring Skilled Workers [J]. European Economic Review, 2012 (56): 20-35.

[28] Bova, F. Labor Unions and Management's Incentive to Signal a Negative Outlook [J]. Contemporary Accounting Research, 2013, 30 (1): 14-41.

[29] Bradley, D. J., Kim, I., and Tian, X. The Causal Effect of Labor Unions on Innovation [R]. Working Paper, 2015.

[30] Brav, A., Jiang, W., and Kim, H. The Real Effects of Hedge Fund Activism: Productivity, Asset Allocation, and Labor Outcomes [J]. The Review of Fi-

nancial Studies, 2015, 28 (10): 2723-2769.

[31] Brown, J., and Matsa, D. A. Boarding a Sinking Ship? An Investigation of Job Applications to Distressed Firms [J]. The Journal of Finance, 2016, 71 (2): 507-550.

[32] Brown, L. D., and Zmijewski, M. E. The Effect of Labor Strikes on Security Analysts' Forecast Superiority and on the Association Between Risk-adjusted Stock Returns and Unexpected Earnings [J]. Contemporary Accounting Research, 1987, 4 (1): 61-75.

[33] Burks, J. J. Are Investors Confused by Restatements after Sarbanes-Oxley [J]. The Accounting Review, 2011, 86 (2): 507-539.

[34] Caggese, A., Cuñat, V., and Metzger, D. Firing the Wrong Workers: Financing Constraints and Labor Misallocation [J]. Journal of Financial Economics, 2019, 133 (3): 589-607.

[35] Call, A. C., Campbell, J. L., Dhaliwal, D. S., and Moon Jr, J. R. Employee Quality and Financial Reporting Outcomes [J]. Journal of Accounting and Economics, 2017, 64 (1): 123-149.

[36] Caskey, J., and Ozel, N. B. Earnings Expectations and Employee Safety [J]. Journal of Accounting and Economics, 2017, 63 (1): 121-141.

[37] Cassell, C. A., Giroux, G. A., Myers, L. A., and Omer, T. C. The Effect of Corporate Governance on Auditor-client Realignments [J]. Auditing: A Journal of Practice and Theory, 2012, 31 (2): 167-188.

[38] Chakravarthy, J., DeHaan, E., and Rajgopal, S. Reputation Repair After a Serious Restatement [J]. The Accounting Review, 2014, 89 (4): 1329-1363.

[39] Chen, G., and Chen, S. Financial Development, Labor Participation, and Employment in Urban China [J]. Emerging Markets Finance & Trade, 2016, 52 (3): 1-11.

[40] Chen, S. S., and Lai, S. M. The Vertical Information Transfer Effects of Earnings Restatements along the Supply Chain [R]. Working Paper, 2007.

[41] Chen, Y., Zhu, S. and Wang, Y. Corporate Fraud and Bank Loans: Evi-

dence from China [J]. China Journal of Accounting Research, 2011, 4 (3): 155-165.

[42] Cheng, L. Organized Labor and Debt Contracting: Firm-level Evidence from Collective Bargaining [J]. The Accounting Review, 2016, 92 (3): 57-85.

[43] Cheng, Q. , and Farber, D. B. Earnings Restatements, Changes in CEO Compensation, and Firm Performance [J]. The Accounting Review, 2008, 83 (5): 1217-1250.

[44] Chiu, P. C. , Teoh, S. H. and Tian, F. Board Interlocks and Earnings Management Contagion [J]. The Accounting Review, 2012, 88 (3): 915-944.

[45] Choi, J. Can Offering a Signing Bonus Motivate Effort? Experimental Evidence of the Moderating Effects of Labor Market Competition [J]. The Accounting Review, 2013, 89 (2): 545-570.

[46] Choi, J. H. Accrual Accounting and Resource Allocation: A General Equilibrium Analysis [J]. Journal of Accounting Research, 2021, 59 (4): 1179-1219.

[47] Chodorow-Reich, G. The Employment Effects of Credit Market Disruptions: Firm-level Evidence from the 2008-9 Financial Crisis [J]. Quarterly Journal of Economics, 2014, 129 (1): 1-59.

[48] Chyz, J. A. , Leung, W. S. C. , Li, O. Z. , and Rui, O. M. Labor Unions and Tax Aggressiveness [J]. Journal of Financial Economics, 2013, 108 (3): 675-698.

[49] Cohn, J. B. , and Wardlaw, M. I. Financing Constraints and Workplace Safety [J]. The Journal of Finance, 2016, 71 (5): 2017-2058.

[50] Collins, D. , Reitenga, A. L. , and Sanchez, J. M. The Impact of Accounting Restatements on CFO Turnover and Bonus Compensation: Does Securities Litigation Matter [J]. Advances in Accounting, 2008, 24 (2): 162-171.

[51] Collins, J. H. , and Plumlee, R. D. The Taxpayer's Labor and Reporting Decision: The Effect of Audit Schemes [J]. The Accounting Review, 1991, 66 (3): 559-576.

[52] Conyon, M. J. , and He, L. Executive Compensation and Corporate Fraud

in China [J]. Journal of Business Ethics, 2016, 134 (4): 669-691.

[53] Core, J. E., Holthausen, R. W., and Larcker, D. F. Corporate Governance, Chief Executive Officer Compensation, and Firm Performance [J]. Journal of Financial Economics, 1999, 51 (2): 141-152.

[54] Costello, A. M. The Impact of Financial Reporting Quality on Debt Contracting: Evidence from Internal Control Weakness Reports [J]. Journal of Accounting Research, 2011, 49 (1): 97-136.

[55] David, J. M., Hopenhayn, H. A., and Venkateswaran, V. Information, Misallocation, and Aggregate Productivity [J]. The Quarterly Journal of Economics, 2016, 131 (2): 943-1005.

[56] Dechow, P. M., Sloan, R. G., and Sweeney, A. P. Causes and Consequences of Earnings Manipulation: An Analysis of Firms Subject to Enforcement Actions by the SEC [J]. Contemporary Accounting Research, 1996, 13 (1): 1-36.

[57] DeFond, M., and Zhang, J. A Review of Archival Auditing Research [J]. Journal of Accounting and Economics, 2014 (58): 275-326.

[58] DeFond, M. L., Wong, T. J., and Li, S. The Impact of Improved Auditor Independence on Audit Market Concentration in China [J]. Journal of Accounting & Economics, 1999, 28 (3): 269-305.

[59] Denison, E. F. The Sources of Economic Growth in the United States and the Alternatives Before us [M]. New York: Committee for Economic Development, 1962.

[60] Desai, H., Hogan, C. E., and Wilkins, M. S. The Reputational Penalty for Aggressive Accounting: Earnings Restatements and Management Turnover [J]. The Accounting Review, 2006, 81 (1): 83-112.

[61] Desai, H., Krishnamurthy, S., and Venkataraman, K. Do Short Sellers Target Firms with Poor Earnings Quality? Evidence from Earnings Restatements [J]. Review of Accounting Studies, 2006, 11 (1): 71-90.

[62] Dessaint, O., Golubov, A., and Volpin, P. Employment Protection and Takeovers [J]. Journal of Financial Economics, 2017, 125 (2): 369-388.

［63］Dierynck, B. , Landsman, W. R. , and Renders, A. Do Managerial Incentives Drive Cost Behavior? Evidence about the Role of the Zero Earnings Benchmark for Labor Cost Behavior in Private Belgian Firms ［J］. The Accounting Review, 2012, 87 (4)：1219-1246.

［64］Dikolli, S. S. Agent Employment Horizons and Contracting Demand for Forward-looking Performance Measures ［J］. Journal of Accounting Research, 2001, 39 (3)：481-494.

［65］Dixit, A. Investment and Employment Dynamics in the Short Run and the Long Run ［J］. Oxford Economic Papers, 1997 (49)：1-20.

［66］Dolfin, S. An Examination of Firms' Employment Costs ［J］. Applied Economics, 2006 (38)：861-878.

［67］Donangelo, A. Labor Mobility：Implications for Asset Pricing ［J］. The Journal of Finance, 2014, 69 (3)：1321-1346.

［68］Dou, Y. Leaving Before Bad Times：Does the Labor Market Penalize Preemptive Director Resignations ［J］. Journal of Accounting and Economics, 2017 (63)：161-178.

［69］Dube, A. , Freeman, E. , and Reich, M. Employee Replacement Costs ［R］. Working Paper, University of California, Berkeley, 2010.

［70］Durnev, A. , and Mangen, C. Corporate Investments：Learning from Restatements ［J］. Journal of Accounting Research, 2009, 47 (3)：679-720.

［71］Dyck, A. , Morse, A. , and Zingales, L. Who Blows the Whistle on Corporate Fraud ［J］? The Journal of Finance, 2010, 65 (6)：2213-2253.

［72］Dyreng, S. D. , Hanlon, M. , and Maydew, E. L. The Effects of Executives on Corporate Tax Avoidance ［J］. The Accounting Review, 2010, 85 (4)：1163-1189.

［73］Ettredge, M. , Huang, Y. , and Zhang, W. Restatement Disclosures and Management Earnings Forecasts ［J］. Accounting Horizons, 2013, 27 (2)：347-369.

［74］Faccio, M. , and Hsu, H. C. Politically Connected Private Equity and Employment ［J］. The Journal of Finance, 2017, 72 (2)：539-574.

［75］Falato, A. , and Liang, N. Do Creditor Rights Increase Employment Risk? Evidence from Loan Covenants ［J］. The Journal of Finance, 2016, 71 （6）: 2545-2590.

［76］Fernald, H. B. Taxes and Employment ［J］. The Accounting Review, 1944, 19 （1）: 7-10.

［77］Fernandes, A. P. , and Ferreira, P. Financing Constraints and Fixed-term Employment: Evidence from the 2008-9 Financial Crisis ［J］. European Economic Review, 2017 （92）: 215-238.

［78］Feroz, E. H. , Park, K. , and Pastena, V. S. The Financial and Market Effects of the SEC's Accounting and Auditing Enforcement Releases ［J］. Journal of Accounting Research, 1991, 29 （1）: 107-142.

［79］Fich, E. M. , and Shivdasani, A. Financial Fraud, Director Reputation, and Shareholder Wealth ［J］. Journal of Financial Economics, 2007, 86 （2）: 306-336.

［80］Foster, K. R. Downsizing: An Examination of the Consequences of Mass Layoffs ［J］. Journal of Private Firm, 2002 （17）: 109-130.

［81］Francis, J. Discussion of Empirical Research on Accounting Choice ［J］. Journal of Accounting and Economics, 2001, 31 （1-3）: 309-320.

［82］Francis J. R. , Michas, P. N. , and Seavey, S. Does Audit Market Concentration Harm the Quality of Audited Earnings? Evidence from Audit Markets in 42 Countries ［J］. Contemporary Accounting Research, 2013, 30 （1）: 325-355.

［83］Garmaise, M. J. , and Natividad, G. Information, the Cost of Credit, and Operational Efficiency: An Empirical Study of Microfinance ［J］. The Review of Financial Studies, 2010, 23 （6）: 2560-2590.

［84］Ghaly, M. , Anh Dang, V. , and Stathopoulos, K. Cash Holdings and Labor Heterogeneity: The Role of Skilled Labor ［J］. The Review of Financial Studies, 2017, 30 （10）: 3636-3668.

［85］Gleason, C. A. , Jenkins, N. T. , and Johnson, W. B. The Contagion Effects of Accounting Restatements ［J］. The Accounting Review, 2008, 83 （1）:

83-110.

[86] Goldin, C., and Katz, L. F. The Race Between Education and Technology: The Evolution of U. S. Educational Wage Differentials, 1890 to 2005 [R]. NBER Working Papers, 2007.

[87] Gomulya, D., and Boeker, W. How Firms Respond to Financial Restatement: CEO Successors and External Reactions [J]. Academy of Management Journal, 2014, 57 (6): 1759-1785.

[88] Graham, J. R., Li, S., and Qiu, J. Corporate Misreporting and Bank Loan Contracting [J]. Journal of Financial Economics, 2008, 89 (1): 44-61.

[89] Hainmueller, J. Entropy Balancing for Causal Effects: A Multivariate Reweighting Method to Produce Balanced Samples in Observational Studies [J]. Political Analysis, 2012, 20 (1): 25-46.

[90] Hall, C. M. Does Ownership Structure Affect Labor Decisions [J]. The Accounting Review, 2016, 91 (6): 1671-1696.

[91] Hamermesh, D. S. What Do We Know about Worker Displacement in the US [J]. Industrial Relations a Journal of Economy and Society, 1989, 28 (1): 51-59.

[92] Hamermesh, D. Labor Demand and the Source of Adjustment Costs [J]. Economic Journal, 1995 (105): 620-634.

[93] Hennes, K. M., Leone, A. J., and Miller, B. P. Determinants and Market Consequences of Auditor Dismissals after Accounting Restatements [J]. The Accounting Review, 2013, 89 (3): 1051-1082.

[94] Hilary, G. Organized Labor and Information Asymmetry in the Financial Markets [J]. Review of Accounting Studies, 2006, 11 (4): 525-548.

[95] Holzman, E. R., Miller, B. P., and Williams, B. M. The Local Spillover Effect of Corporate Accounting Misconduct: Evidence from City Crime Rates [J]. Contemporary Accounting Research, 2021, 38 (3): 1542-1580.

[96] Hribar, P., and Jenkins, N. T. The Effect of Accounting Restatements on Earnings Revisions and the Estimated Cost of Capital [J]. Review of Accounting Studies, 2004, 9 (2-3): 337-356.

[97] Hung, M., Wong, T. J., and Zhang, F. The Value of Political Ties Versus Market Credibility: Evidence from Corporate Scandals in China [J]. Contemporary Accounting Research, 2015, 32 (4): 1641–1675.

[98] Jensen, M. C., and Meckling, W. H. Theory of the Firm: Managerial Behavior, Agency Costs and Ownership Structure [J]. Journal of Financial Economics, 1976, 3 (4): 305–360.

[99] Johnson, W. C., Xie, W., and Yi, S. Corporate Fraud and the Value of Reputations in the Product Market [J]. Journal of Corporate Finance, 2014, 25 (C): 16–39.

[100] Jung, B., Lee, W. J., and Weber, D. P. Financial Reporting Quality and Labor Investment Efficiency [J]. Contemporary Accounting Research, 2014, 31 (4): 1047–1076.

[101] Katzenbach, J. R. Peak Performance: Aligning the Hearts and Minds of Your Employees [M]. Boston: Harvard Business School Press, 2000.

[102] Karpoff, J. M., Lee, D. S., and Martin, G. S. The Consequences to Managers for Financial Misrepresentation [J]. Journal of Financial Economics, 2008, 88 (2): 193–215.

[103] Karpoff, J. M., Lee, D. S., and Martin, G. S. The Cost to Firms of Cooking the Books [J]. Journal of Financial and Quantitative Analysis, 2008, 43 (3): 581–611.

[104] Kedia, S., and Philippon, T. The Economics of Fraudulent Accounting [J]. The Review of Financial Studies, 2009, 22 (6): 2169–2199.

[105] Kedia, S., Koh, K., and Rajgopal, S. Evidence on Contagion in Earnings Management [J]. The Accounting Review, 2015, 90 (6): 2337–2373.

[106] Kim, H. How Does Labor Market Size Affect Firm Capital Structure? Evidence from Large Plant Openings [J]. Journal of Financial Economics, 2020, 138: 277–294.

[107] Klasa, S., Maxwell, W. F., and Ortiz-Molina, H. The Strategic Use of Corporate Cash Holdings in Collective Bargaining with Labor Unions [J]. Journal of Fi-

nancial Economics, 2009, 92 (3): 421-442.

[108] Kravet, T., and Shevlin, T. Accounting Restatements and Information Risk [J]. Review of Accounting Studies, 2010, 15 (2): 264-294.

[109] Kuehn, L. A., Simutin, M., and Wang, J. J. A Labor Capital Asset Pricing Model [J]. The Journal of Finance, 2017, 72 (5): 2131-2178.

[110] Kumar, P., and Langberg, N. Innovation and Investment Bubbles [R]. Working Paper, 2010.

[111] Leone, A. J., and Liu, M. Accounting Irregularities and Executive Turnover in Founder-managed Firms [J]. The Accounting Review, 2010, 85 (1): 287-314.

[112] Lee, K. H., Mauer, D. C., and Xu, E. Q. Human Capital Relatedness and Mergers and Acquisitions [J]. Journal of Financial Economics, 2018, 129 (1): 111-135.

[113] Levi, S. Voluntary Disclosure of Accruals in Earnings Press Releases and the Pricing of Accruals [J]. Review of Accounting Studies, 2008, 13 (1): 1-21.

[114] Li, V. Do False Financial Statements Distort Peer Firms' Decisions [J]. The Accounting Review, 2015, 91 (1): 251-278.

[115] Liberty, S. E., and Zimmerman, J. L. Labor Union Contract Negotiations and Accounting Choices [J]. The Accounting Review, 1986, 61 (4): 692-712.

[116] Lynch, A. W., and Tan, S. Labor Income Dynamics at Business-cycle Frequencies: Implications for Portfolio Choice [J]. Journal of Financial Economics, 2011, 101 (2): 333-359.

[117] Mankiw, N. G., Romer, D., and Weil, D. N. A Contribution to the Empirics of Economic Growth [J]. The Quarterly Journal of Economics, 1992, 107 (2): 407-437.

[118] Manning, A. Monopsony in Motion [M]. Princeton, NJ: Princeton University Press, 2003.

[119] Manning, A. A Generalised Model of Monopsony [J]. Economic Journal, 2006 (116): 84-100.

[120] Marciukaityte, D., Szewczyk, S. H., Uzun, H., and Varma, R. Governance and Performance Changes after Accusations of Corporate Fraud [J]. Financial Analysts Journal, 2006, 62 (3): 32-41.

[121] Marvel, M. R., and Lumpkin, G. T. Technology Entrepreneurs' Human Capital and its Effect on Innovation Radicalness [J]. Entrepreneurship: Theory and Practice, 2007, 31 (6): 807-828.

[122] McNichols, M. F., and Stubben, S. R. Does Earnings Management Affect Firms' Investment Decisions [J]. The Accounting Review, 2008, 83 (6): 1571-1603.

[123] Michaels, R., Page, T. B., and Whited, T. M. Labor and Capital Dynamics under Financing Frictions [R]. Working Paper, 2016.

[124] Mincer, J. A. Schooling, Experience, and Earnings [M]. New York: Columbia University Press, 1974.

[125] Murray, B., and Gerhart, B. An Empirical Analysis of a Skill-based Pay Program and Plant Performance Outcomes [J]. Academy of Management Journal, 1998, 41 (1): 68-78.

[126] Oi, W. Labor as a Quasi-fixed Factor [J]. Journal of Political Economy, 1962 (70): 538-555.

[127] Pagano, M., and Pica, G. Finance and Employment [J]. Economic Policy, 2012, 27 (69): 5-55.

[128] Pagano, M., and Volpin, P. F. Managers, Workers, and Corporate Control [J]. The Journal of Finance, 2005, 60 (2): 841-868.

[129] Palmrose, Z. V., and Scholz, S. The Circumstances and Legal Consequences of Non-GAAP Reporting: Evidence from Restatements [J]. Contemporary Accounting Research, 2004, 21 (1): 139-180.

[130] Palmrose, Z. V., Richardson, V. J., and Scholz, S. Determinants of Market Reactions to Restatement Announcements [J]. Journal of Accounting and Economics, 2004, 37 (1): 59-89.

[131] Paruchuri, S., and Misangyi, V. F. Investor Perceptions of Financial

Misconduct: The Heterogeneous Contamination of Bystander Firms [J]. Academy of Management Journal, 2015, 58 (1): 169-194.

[132] Pfann, G., and Palm, F. Asymmetric Adjustment Costs in Non-linear Labour Demand Models for the Netherlands and U. K. Manufacturing Sectors [J]. Review of Economic Studies, 1993 (60): 397-412.

[133] Philips, J. D. The Price Tag on Turnover [J]. Personnel Journal, 1990, 6 (4): 58-61.

[134] Price, J. L. Reflections on the Determinants of Voluntary Turnover [J]. International Journal of Manpower, 2001, 22 (1): 600-624.

[135] Rajan, R. G., and Zingales, L. The Governance of the New Firm [R]. National Bureau of Economic Research Working Paper, 2000.

[136] Raman, K., and Shahrur, H. Relationship-specific Investments and Earnings Management: Evidence on Corporate Suppliers and Customers [J]. The Accounting Review, 2008, 83 (4): 1041-1081.

[137] Rosett, J. G. Equity Risk and the Labor Stock: The Case of Union Contracts [J]. Journal of Accounting Research, 2001, 39 (2): 337-364.

[138] Sadka, G. The Economic Consequences of Accounting Fraud in Product Markets: Theory and a Case from a US Telecommunications Industry (Worldcom) [J]. American Law and Economics Review, 2006, 8 (3): 439-475.

[139] Santos, T., and Veronesi, P. Labor Income and Predictable Stock Returns [J]. The Review of Financial Studies, 2006, 19 (1): 1-44.

[140] Schultz, T. W. Capital Formation by Education [J]. Journal of Political Economy, 1960, 68 (6): 571-583.

[141] Schultz, T. W. Investment in Human Capital [J]. American Economic Review, 1961, 51 (1): 1-17.

[142] Serfling, M. Firing Costs and Capital Structure Decisions [J]. The Journal of Finance, 2016, 71 (5): 2239-2286.

[143] Shapiro, C., and Stiglitz, J. Equilibrium as a Worker Unemployment Discipline Device [J]. American Economic Review, 1986 (74): 433-444.

［144］Shroff, N. , Verdi, R. S. , and Yost, B. P. When Does the Peer Information Environment Matter ［J］. Journal of Accounting and Economics, 2017, 64 (2-3)：183-214.

［145］Simintzi, E. , Vig, V. , and Volpin, P. Labor Protection and Leverage ［J］. The Review of Financial Studies, 2015, 28 (2)：561-591.

［146］Skaife, H. A. , Veenman, D. , and Wangerin, D. Internal Control over Financial Reporting and Managerial Rent Extraction：Evidence from the Profitability of Insider Trading ［J］. Journal of Accounting and Economics, 2013, 55 (1)：91-110.

［147］Srinivasan, S. Consequences of Financial Reporting Failure for Outside Directors：Evidence from Accounting Restatements and Audit Committee Members ［J］. Journal of Accounting Research, 2005, 43 (2)：291-334.

［148］Sun, P. , and Zhang, Y. Is There Penalty for Crime：Corporate Scandal and Management Turnover in China ［R］. Working Paper, 2006.

［149］Swenson, C. W. Taxpayer Behavior in Response to Taxation：An Experimental Analysis ［J］. Journal of Accounting and Public Policy, 1988, 7 (1)：1-28.

［150］Tate, G. , and Yang, L. The Bright Side of Corporate Diversification：Evidence from Internal Labor Markets ［J］. The Review of Financial Studies, 2015, 28 (8)：2203-2249.

［151］Tate, G. , and Yang, L. Female Leadership and Gender Equity：Evidence from Plant Closure ［J］. Journal of Financial Economics, 2015, 117 (1)：77-97.

［152］Wang Q. , Wong, T. J. , and Xia, L. State Ownership, the Institutional Environment, and Auditor Choice：Evidence from China ［J］. Journal of Accounting and Economics, 2008, 46 (1)：112-134.

［153］Wilde, J. H. The Deterrent Effect of Employee Whistleblowing on Firms' Financial Misreporting and Tax Aggressiveness ［J］. The Accounting Review, 2017, 92 (5)：247-280.

［154］Wilson, W. M. An Empirical Analysis of the Decline in the Information Content of Earnings Following Restatements ［J］. The Accounting Review, 2008, 83 (2)：519-548.

［155］Xu, T., Najand, M., and Ziegenfuss, D. Intra‐industry Effects of Earnings Restatements Due to Accounting Irregularities［J］. Journal of Business Finance & Accounting, 2006, 33（5-6）：696-714.

［156］Yellen, J. L. Efficiency Wage Models of Unemployment［J］. American Economic Review, 1984, 74（2）：200-205.

［157］Yonker, S. E. Do Managers Give Hometown Labor an Edge［J］. The Review of Financial Studies, 2017, 30（10）：3581-3604.

［158］Yueh, L. Y. Wage Reforms in China during the 1990s［J］. Asian Economic Journal, 2004, 18（2）：149-164.

［159］步丹璐, 白晓丹. 员工薪酬、薪酬差距和员工离职［J］. 中国经济问题, 2013（1）：100-108.

［160］陈德球, 叶陈刚, 李楠. 控制权配置、代理冲突与审计供求：来自中国家族上市公司的经验证据［J］. 审计研究, 2011（5）：57-64.

［161］陈冬华, 陈富生, 沈永建, 尤海峰. 高管继任、职工薪酬与隐性契约——基于中国上市公司的经验证据［J］. 经济研究, 2011（2）：100-110.

［162］陈晓红, 李喜华, 曹裕. 智力资本对企业绩效的影响：基于面板数据模型的分析［J］. 系统工程理论与实践, 2010, 30（7）：1176-1184.

［163］陈晓敏, 胡玉明. 财务重述公司盈余反应系数研究——基于中国上市公司年报财务重述的经验证据［J］. 证券市场导报, 2011（10）：37-42.

［164］陈仕华, 陈钢. 企业间高管联结与财务重述行为扩散［J］. 经济管理, 2013（8）：134-143.

［165］陈运森, 王汝花. 产品市场竞争、公司违规与商业信用［J］. 会计与经济研究, 2014（5）：26-40.

［166］陈志辉. 中小企业家人力资本与绩效关系实证分析［J］. 科学学与科学技术管理, 2005, 26（7）：126-130.

［167］程承坪. 论企业家人力资本与企业绩效关系［J］. 中国软科学, 2001（7）：67-71.

［168］程德俊, 赵曙明. 高参与工作系统与企业绩效：人力资本专用性和环境动态性的影响［J］. 管理世界, 2006（3）：86-93+171.

［169］程虹，刘三江，罗连发．中国企业转型升级的基本状况与路径选择——基于 570 家企业 4794 名员工入企调查数据的分析［J］．管理世界，2016（2）：57-70.

［170］醋卫华．公司丑闻、声誉机制与高管变更［J］．经济管理，2011（1）：38-43.

［171］邓学芬，黄功勋，张学英，周继春．企业人力资本与企业绩效关系的实证研究——以高新技术企业为例［J］．宏观经济研究，2012（1）：73-79.

［172］都阳．制造业企业对劳动力市场变化的反应：基于微观数据的观察［J］．经济研究，2013，48（1）：32-40+67.

［173］杜勇，张欢，陈建英．CEO 海外经历与企业盈余管理［J］．会计研究，2018（2）：27-33.

［174］冯丽霞，张琪．人力资本与企业绩效关系的实证分析［J］．财会通讯（学术版），2007（2）：66-69.

［175］高利芳，盛明泉．证监会处罚对公司盈余管理的影响后果及机制研究［J］．财贸研究，2012（1）：134-141.

［176］耿建新，肖泽忠，续芹．报表收益与现金流量数据之间关系的实证分析——信息不实公司的预警信号［J］．会计研究，2002（12）：28-34.

［177］顾小龙，张霖琳，许金花．证券监管处罚、公司印象管理与 CEO 过度投资［J］．经济管理，2017（2）：6.

［178］郭荣星，李实，邢攸强．中国国有企业改制与职工收入分配——光正公司和创大公司的案例研究［J］．管理世界，2003（4）：103-111.

［179］韩晓梅，徐玲玲．会计师事务所国际化的动因、模式和客户发展：以"四大"在中国市场的扩张为例［J］．审计研究，2009（4）：74-80.

［180］韩翼，廖建桥．员工离职影响因素的实证研究［J］．经济管理，2007（11）：60-65.

［181］何威风，刘启亮，罗乐．债务监督效应：基于财务重述的实证研究［J］．山西财经大学学报，2013（3）：113-124.

［182］何瑛，张大伟．管理者特质、负债融资与企业价值［J］．会计研究，2015（8）：65-72.

[183] 姜付秀，伊志宏，苏飞，黄磊．管理者背景特征与企业过度投资行为[J]．管理世界，2009（1）：130-139.

[184] 赖明勇，张新，彭水军，包群．经济增长的源泉：人力资本、研究开发与技术外溢[J]．中国社会科学，2005（2）：32-46+204-205.

[185] 李红梅，韩庆兰．财务重述与债务融资的实证研究——来自中国资本市场的证据[J]．预测，2013（3）：39-45.

[186] 李青原，罗婉．财务报表重述与公司非效率投资行为[J]．审计与经济研究，2014（5）：48-58.

[187] 李青原，赵艳秉．企业财务重述后审计意见购买的实证研究[J]．审计研究，2014（5）：101-107.

[188] 李世新，刘兴翠．上市公司财务重述公告的市场反应与行业传递效应研究[J]．管理评论，2012（5）：137-143.

[189] 廖冠民，宋蕾蕾．劳动保护、人力资本密集度与全要素生产率[J]．经济管理，2020，42（8）：17-33.

[190] 刘慧龙，张敏，王亚平，吴联生．政治关联、薪酬激励与员工配置效率[J]．经济研究，2010（9）：134-138.

[191] 刘健，刘春林，殷枫．财务重述中关联股东网络的传染机制研究[J]．财经论丛，2015（4）：53-61.

[192] 刘明辉，韩小芳．财务舞弊公司董事会变更及其对审计师变更的影响——基于面板数据 Logit 模型的研究[J]．会计研究，2011（3）：81-88.

[193] 刘明辉，韩小芳．"谴责"能否促进财务舞弊的公司改善公司治理[J]．财经问题研究，2009（2）：100-107.

[194] 刘善仕，孙博，葛淳棉，王琪．人力资本社会网络与企业创新——基于在线简历数据的实证研究[J]．管理世界，2017，7（286）：94-104+125+194.

[195] 卢闯，唐斯圆，廖冠民．劳动保护、劳动密集度与企业投资效率[J]．会计研究，2015（6）：42-47.

[196] 陆正飞，王雄元，张鹏．国有企业支付了更高的职工工资吗[J]．经济研究，2012（3）：28-39.

[197] 马晨，张俊瑞，李彬．财务重述对分析师预测行为的影响研究[J]．

数理统计与管理，2013（2）：221-231.

[198] 马晨，张俊瑞，杨蓓. 财务重述对会计师事务所解聘的影响研究 [J]. 会计研究，2016（5）：79-86.

[199] 倪骁然，朱玉杰. 劳动保护、劳动密集度与企业创新——来自 2008 年《劳动合同法》实施的证据 [J]. 管理世界，2016（7）：154-167.

[200] 宁向东，高文瑾. 内部职工持股：目的与结果 [J]. 管理世界，2004（1）：130-136.

[201] 潘红波，陈世来. CEO 或董事长的亲缘关系与企业创新——来自家族上市公司的经验证据 [J]. 山西财经大学学报，2017（1）：70-82.

[202] 潘克勤. 政治关联、财务年报恶意补丁与债务融资契约——基于民营上市公司实际控制人政治身份的实证研究 [J]. 经济经纬，2012（2）：75-80.

[203] 彭泗清，韩践，赵志裕. 员工多元化管理与企业创新 [J]. 管理世界，2008（8）：182-183.

[204] 钱爱民，郁智，步丹璐. 结果公平还是过程公平？——基于薪酬激励对员工离职的实证分析 [J]. 经济与管理研究，2014（9）：101-109.

[205] 钱爱民，朱大鹏. 财务重述影响供应商向企业提供商业信用吗——来自 A 股上市公司的经验证据 [J]. 财经理论与实践，2017（4）：62-69.

[206] 钱苹，罗玫. 中国上市公司财务造假预测模型 [J]. 会计研究，2015（7）：18-25+96.

[207] 秦江萍，谢江桦. 个人收入分配制度的改革与创新——科技人才参与企业收益分配 [J]. 会计研究，2004（4）：65-68+82.

[208] 沈红波，杨玉龙，潘飞. 民营上市公司的政治关联、证券违规与盈余质量 [J]. 金融研究，2014（1）：194-206.

[209] 沈永建，范从来，陈冬华，刘俊. 显性契约、职工维权与劳动力成本上升：《劳动合同法》的作用 [J]. 中国工业经济，2017（2）：117-135.

[210] 沈永建，梁上坤，陈冬华. 职工薪酬与会计稳健性——基于中国上市公司的经验证据 [J]. 会计研究，2013（4）：73-80.

[211] 邵敏. 出口贸易对我国劳动力收入的影响——基于企业异质性视角的理论与实证分析 [D]. 南开大学博士学位论文，2011.

［212］唐彬彬．财务重述公司虚增性收入对同业投资的影响［D］．湘潭大学硕士学位论文，2014．

［213］汪昌云，孙艳梅．代理冲突、公司治理和上市公司财务欺诈的研究［J］．管理世界，2010（7）：130-143．

［214］王海兵，伍中信，李文君，田冠军．企业内部控制的人本解读与框架重构［J］．会计研究，2011（7）：59-65．

［215］王海燕，陈华．违规监管、管理层薪酬与公司治理［J］．商业研究，2011（4）：38-46．

［216］王珏，祝继高．劳动保护能促进企业高学历员工的创新吗？——基于A股上市公司的实证研究［J］．管理世界，2018，34（3）：139-152+166．

［217］王清刚，尹文霞．我国上市公司财务报表重述的市场反应研究［J］．经济管理，2011（7）：112-120．

［218］王雄元，黄玉菁．外商直接投资与上市公司职工劳动收入份额：趁火打劫抑或锦上添花［J］．中国工业经济，2017（4）：135-154．

［219］王雄元，何捷，彭旋，王鹏．权力型国有企业高管支付了更高的职工薪酬吗［J］．会计研究，2014（1）：49-56．

［220］王雄元，史震阳，何捷．企业工薪所得税筹划与职工薪酬激励效应［J］．管理世界，2016（7）：137-153．

［221］魏下海，董志强，刘愿．政治关系、制度环境与劳动收入份额——基于全国民营企业调查数据的实证研究［J］．管理世界，2013（5）：35-46．

［222］魏志华，李常青，王毅辉．中国上市公司年报重述公告效应研究［J］．会计研究，2009（8）：31-39．

［223］夏宁，董艳．高管薪酬、员工薪酬与公司的成长性——基于中国中小上市公司的经验数据［J］．会计研究，2014（9）：89-95．

［224］谢雅萍．企业家人力资本与企业绩效关系的实证研究［J］．广西大学学报（哲学社会科学版），2008，30（1）：26-31．

［225］杨德明，赵璨．超额雇员、媒体曝光率与公司价值——基于《劳动合同法》视角的研究［J］．会计研究，2016（4）：49-54．

［226］杨敏，欧阳宗书，叶康涛，杜美杰．在美上市中国概念股会计问题研

究［J］.会计研究，2012（4）：3-7.

［227］杨玉凤，曹琼，吴晓明.上市公司信息披露违规市场反应差异研究——2002—2006年的实证分析［J］.审计研究，2008（5）：68-73.

［228］杨志强，王华.公司内部薪酬差距、股权集中度与盈余管理行为——基于高管团队内和高管与员工之间薪酬的比较分析［J］.会计研究，2014（6）：57-65.

［229］杨忠莲，谢香兵.我国上市公司财务报告舞弊的经济后果——来自证监会与财政部处罚公告的市场反应［J］.审计研究，2008（1）：67-74.

［230］姚先国，张海峰.教育、人力资本与地区经济差异［J］.经济研究，2008（5）：47-57.

［231］叶康涛，王春飞，祝继高.提高劳动者工资损害公司价值吗［J］.财经研究，2013（6）：133-143.

［232］叶林祥，Gindling，T.H.，李实，熊亮.中国企业对最低工资政策的遵守——基于中国六省市企业与员工匹配数据的经验研究［J］.经济研究，2015，50（6）：19-32.

［233］叶仁荪，王玉芹，林泽炎.工作满意度、组织承诺对国企员工离职影响的实证研究［J］.管理世界，2005（3）：122-125.

［234］俞欣，郑颖，张鹏.上市公司丑闻的溢出效应——基于五粮液公司的案例研究［J］.山西财经大学学报，2011（3）：80-87.

［235］曾庆生，陈信元.国家控股、超额雇员与劳动力成本［J］.经济研究，2006（5）：74-86.

［236］詹宇波，张军，徐伟.集体议价是否改善了工资水平：来自中国制造业企业的证据［J］.世界经济，2012，35（2）：63-83.

［237］张宏伟.财务报告舞弊行政处罚严厉程度与审计意见购买［J］.财贸研究，2011（5）：149-155.

［238］张健，刘斌，吴先聪.财务舞弊、家族控制与上市公司高管更替［J］.管理工程学报，2015（2）：1-9.

［239］张杰，黄泰岩.中国企业的工资变化趋势与决定机制研究［J］.中国工业经济，2010（3）：42-53.

［240］张志学，秦昕，张三保．中国劳动用工"双轨制"改进了企业生产率吗？——来自 30 个省份 12314 家企业的证据［J］．管理世界，2013（5）：88-99．

［241］张子余，李常安．违规公司接受处罚后的内控有效性改善研究［J］．山西财经大学学报，2015（3）：82-90．

［242］赵艳秉，李青原．企业财务重述在集团内部传染效应的实证研究［J］．审计与经济研究，2016（5）：72-80．

［243］支晓强，何天芮．信息披露质量与权益资本成本［J］．中国软科学，2010（12）：125-131．

［244］钟宁桦．公司治理与员工福利：来自中国非上市企业的证据［J］．经济研究，2012（12）：137-151．

［245］周明海，肖文，姚先国．中国经济非均衡增长和国民收入分配失衡［J］．中国工业经济，2010（6）：35-45．

［246］周晓苏，周琦．盈余重述的市场反应及其影响因素研究——基于我国 2004—2010 年数据的经验分析［J］．证券市场导报，2012（3）：20-25．

［247］朱春艳，伍利娜．上市公司违规问题的审计后果研究——基于证券监管部门处罚公告的分析［J］．审计研究，2009（4）：42-51．

后 记

本书基于笔者的博士学位论文"财务报告舞弊与企业雇佣行为：基于人力资本视角的分析"修订出版。论文有幸获得专家认可，获评中国会计学会第十届（2021年）杨纪琬奖学金优秀会计专业学位论文奖（博士）和中国人民大学校级优秀博士论文。论文也是国家自然科学基金面上项目"财务报告舞弊的劳动力市场后果研究"的结项成果之一。同时，本书是北京理工大学青年教师学术启动计划"财务舞弊曝光下的人力资本受损与企业应对策略研究"的阶段性研究成果。

特别感谢导师叶康涛教授在本书选题、结构和写作等方面的指导与鞭策，以及在笔者博士就读期间的关怀与教诲。感谢中国人民大学、新加坡管理大学的培养和北京理工大学的支持，感谢经济管理出版社编辑老师在本书出版过程中的辛苦工作。最后，感谢一直以来同学与朋友们的陪伴与帮助，以及家人的支持与理解。

崔毓佳

2024 年 6 月